KBS 국권침탈 100년 특별역사다큐
한국과 일본,
2000년의 숙명

KBS 국권침탈 100년 특별역사다큐

한국과 일본, 2000년의 숙명

KBS 국권침탈 100년
특별역사다큐 제작팀 저

시루

한일 관계, 소통의 역사 속에 답이 있다

21세기를 시작하면서 한일 관계의 새 시대, 새 천년의 원년을 선언한 지 10년이 지났지만 양국 관계는 갈수록 악화되고 있다. 두 나라는 2002년 월드컵 이후, 관계 개선을 위해 2005년을 '한일 우정의 해'로 잡을 정도로 열의를 보였다. 그러나 그해 연초 일본 시마네 현에서는 독도가 자국의 영토라면서 '다케시마의 날'을 제정했고, 문부과학성은 극우파의 중학교 역사교과서를 원안 대로 검정 통과시켰다. 그 결과 양국 정상이 다짐했던 '우정의 해'는 그야말로 빛 좋은 개살구가 되어버렸다.

2010년 이후에도 상황은 나아지지 않았다. 일본 동북 지역의 후쿠시마 대지진과 쓰나미, 뒤이어 터진 원전사고에 의해 3만여 명의 사상자가 난 후, 그 아픔에 인도주의로 동참했던 한국인들은 또 한 번 쓴 배신감을 맛봐야 했기 때문이다. 2011년 4월 실시했던 역사교과서 검정 결과 극우파 교과서가 2권으로 늘었고, 이어 모든 중학교 교과서에는 독도가 일본 땅으로 기술되었다. 그뿐 아니라 한술 더 떠서 '한국이 자국 영토인 독도를 불법으로 점유하고 있다'는 문구를 넣도록 했다. 2012년에는 고등학교 교과서에도 그렇게 기술되었다.

두 나라 국민이 하루 1만 명 이상 오가는 시대에 역사의 시계는 거꾸로 가고 있다. 그동안 쌓아온 한일 관계의 역사적 경험을 무의미하게 만들어버리는 한심한 일이 아닐 수 없다. 이는 모두 역사에 대한 무지와 무관심에서 비롯된 상황이다. 그리고 이제라도 역사를 제대로 살펴봐야 하는 이유이기도 하다. 최악으로 치닫는 한일 관계의 실마리는 바로 역사 속에 있기 때문이다.

삼국시대 이래 한국과 일본 사이에는 많은 역사적인 사건이 있었다. 고구려를 비롯한 삼국과 가야는 왜와 인적 이동과 문물 교류를 했으며, 삼국의 멸망과 왜는 밀접한 관련이 있었다. 또 왜구에 의한 약탈과 방화, 삼포에서의 통교와 무역, 임진왜란과 그 이후 조선통신사에 의한 평화의 시대, 왜관을 통한 교역과 문화 교류, 왜관의 침탈과 정한론, 명성황후 살해사건과 국권 침탈 등 수없이 많은 사건들로 점철되어왔다.

하지만 그동안 한일 관계의 편린들을 상징화하여 2000년 역사를 통사적으로 이해할 수 있는 성과물들은 뚜렷하게 나타나지 았다. 그 와중에 2010년 KBS에서는 '국권 침탈 100년'을 기념해 '한국과 일본'을 기획했고, 이번에 책으로 출간되었다. 이 책에서는 미움과 멸시, 애증으로 얽혀 있지만 결코 교류의 끈을 놓을 수 없는 연적인 관계, 문화를 주고받던 이웃에서 국권을 강탈한 원수가 되기까지 소통과 대결의 역사를 걸어온 한국과 일본의 숙명을 조명했다. 그 결과 두 나라의 관계를 일목할 수 있는 용어와 개념을 '인연', '적대', '공존', '변화', '대결'이라는 5개 키워드로 정리할 수 있었다.

　　이 중에서 가장 중요한 것은 역시 공존이다. 조선 최고 외교관 신숙주는 마지막 눈을 감는 순간에 '원컨대 일본과 화친을 끊지 마소서'라고 호소했다. 왜구에 의한 '약탈의 시대'를, 통신사와 삼포개항을 통한 '공존의 시대'로 바꾸어놓은 것은 왜와 화친을 강조한 신숙주의 유언이었다. 신숙주는 적대 관계였던 일본과 공존할 수 있는 해법으로 통교를 통한 '공생'을 제시했다. 그리고 이 방법은 오늘날에도 유효하다.

　같은 시기에 일본 NHK에서도 '일본과 조선반도, 2000년 (プロジ
ェクト JAPAN　シリーズ 日本と朝鮮半島)'을 10부작으로 제작하여
방송했다. NHK에서는 한일 관계를 두 개의 키워드 '전쟁과 평화'의
순환 패턴으로 보았다. 7세기의 백강 전쟁, 13세기의 여몽연합군의
일본 정벌, 16세기의 임진왜란, 19세기의 강화도 사건과 무력
충돌을 전쟁으로, 그 사이를 평화 기간으로 설정했다. NHK에서는
불행하게도 바다를 사이에 둔 두 나라는 바보 같은 짓을
반복해왔으며, 이 패턴에서 1965년 한일 국교 재개 이후 반세기는
수복기(修復其)라고 규정한다. 그래서 '어떻게 해야 이 수복기를 잘
이어 나갈 수 있을지'의 방법을 모색하는 것까지가 NHK프로그램의
콘셉트였다.

　결국 KBS나 NHK는 제작기법이나 내용에는 차이가 있지만
같은 고민을 하고 있었던 셈이다. 오랫동안 이어온 한국과 일본의
역사적 경험을 공유하고, 약탈과 침략, 전쟁 등 아픈 기억 이외에

교류와 왕래, 통섭과 소통을 통해 어떻게 평화를 유지했는지를 찾아 나선 것이다. 나는 마치 조선통신사처럼 KBS와 NHK를 오가며 양쪽 프로그램 제작에 참여하는 과정에서 두 제작진의 마음이 하나라는 것을 확인할 수 있었다. 신숙주의 유언처럼 한국과 일본이 '공존'하기 위해서는 공생의 방법을 모색해야 한다. 그렇기 위해서는 그 어느 때보다 '소통'해야 한다는 것도…….

마지막으로 우리가 기존에 알고 있던 역사보다 더 심도 깊게 파헤친 이 책이 작금의 갈등 상황을 헤쳐 나가는 하나의 돌파구가 될 수 있기를 바라며, 역사의 메시지인 '공존', '공유', '공생'의 한일 관계를 구축해가는 데 일조하기를 기원한다.

한일관계사학회 회장
손승철(강원대학교 교수)

친숙하면서도 낯선 조합, 한국과 일본

한국과 일본, 친숙하면서도 낯선 조합이다. 지난 2010년은 한국이 일본에게 강제로 병합된 지 꼭 100년이 되는 해였다. KBS에서는 국권 침탈 100년을 맞아 2010년 8월 한국과 일본의 2000년의 관계사를 '인연(因緣)', '적대(敵對)', '공존(共存)', '변화(變化)', '대결(對決)'이란 5가지 단어로 집약한 역사다큐멘터리 시리즈 5부작을 제작, 방송한 바 있다. 이 책은 바로 그 방송의 결과물이다.

역사적으로 한국과 일본 두 나라는 매우 복잡 미묘한 관계였다. 전파와 수용, 대립과 갈등, 전쟁과 평화가 수없이 교차해왔다. 고대 일본 문화의 근간이 된 '야요이(彌生)' 문화는 벼농사와 철기를 가지고 한반도에서 건너간 사람들이 주축이 되었고, 일본 최초의 고대 국가 '야마토(大和)' 왕조는 백제 등 한반도의 삼국과 매우 긴밀하게 교류했다.

그러나 고려와 몽고에게 본토를 공격당한 일본은 한국을 '응징해야 할 적대국'으로 보기 시작했고, 한국 역시 왜구의 침략과 임진왜란을 거치며 일본을 '침략만을 일삼는 야만족'으로 인식하기에 이른다.

교린(交隣)과 기미(羈縻)라는 한국의 평화 체제에 선진 문화와 경제 이득을 얻기 위해 일본이 적극 부응함으로써 두 나라 모두 공존과 공영(共榮)을 누리기도 했지만 서구 근대에 대항하여 자주 독립을 지키려던 두 나라의 대결이 파국으로 치달으면서 강제 병합에 이르렀고, 그 갈등은 여전히 청산되지 않은 역사의 멍에로 남아있다.

　　프로그램 제작을 마친 후 제작진 스스로 느낀 바가 적지 않았다. 가장 큰 것은 '우호와 적대는 별개의 것이 아닌 한 몸'이라는 것이다. 그 때문에 아무리 적대적인 상대라도 절대로 관계를 끊으면 안 된다는 것이다. 오히려 위협적이고 적대적인 나라일수록 적극적, 능동적으로 관리해야만 우호와 평화가 가능하다는 것이다. 한반도와 일본열도의 2000년 역사 속에서 평화가 가능했던 때는 적대를 적대로 되갚지 않고 한국이 주도하여 공존의 틀을 만들었던 시기였다. 한국에게 일본은 여전히 '가깝고도 먼 나라'이다. 일본이 한국에게 멀게 느껴질 때일수록 한국이 먼저 일본에게 가까이 다가가 손을 내밀어야 하지 않을까. 물론 이는 경제, 군사, 문화 등 모든 면에서 한국이 일본에 뒤지지 않은 힘을 확보한 상태에서 가능한 일이다. 그것이 100년 전 우리가 당한 강제 병합의 아픔을 다시 겪지 않는 길이 아닐까 생각한다.

국권 침탈 100년 특별 기획 '한국과 일본'의 제작과 방송뿐 아니라 책으로 출간할 수 있도록 도움주신 많은 분들께 이 자리를 빌려 감사의 마음을 전한다.

최초 기획자인 신재국 선배, 제작진의 뒤에서 든든하게 지원해준 장영주 선배, 처음 역사프로그램하면서 몸고생, 마음고생이 심했던 최지원 프로듀서, 혁신적인 영상을 만들어주신 박길홍 촬영감독님과 유재광, 박용환 촬영감독, 성질 급한 프로듀서랑 일하느라 고생한 고은희, 정윤미 작가, 마지막으로 프로그램의 틀을 잡는 데 결정적인 영감을 주신 강원대학교 사학과 손승철 교수님께 깊이 감사드린다.

KBS 국권 침탈 100년 특별기획 제작팀
김종석

1장

/

인연 (因緣)

떼려야 뗄 수 없는 한국과 일본

"

국가 간의 전쟁 역시
우리가 이웃과 다투는 것과
같은 이유로 시작된다.

프랑스 사상가 미셸 에켐 드 몽테뉴

"

서기 645년 6월 12일, 천황이 거처하고 있는 아스카 판개궁(板蓋宮)에 2명의 자객이 난입했다. 자객들의 칼은 오직 한 사람, 즉 조정 최고의 실력자로 군림하고 있던 대신 소가노 이루카(蘇我入鹿)를 노렸다. 자객들이 휘두른 칼날은 정확했고, 소가노 이루카는 저항도 못한 채 끔찍한 죽음을 맞았다. 놀라운 일이 아닐 수 없었다. 다른 곳도 아닌 천황의 어전에서 조정의 최고 실권자를 노린 희대의 살인사건이 발생한 것이다. 죽음을 둘러싼 미스터리가 채 풀리기도 전에 소가노 이루카의 죽음과 관련된 소문이 빠르게 퍼져 나갔다. 소가노 이루카가 다름 아닌 한반도와 관련돼서 살해당했다는 것이다.

고대 일본 최고의 권력자였던 소가노 이루카가 한반도와 연관되어 있다는 점이 궁금증을 증폭시킨다. 소가노 이루카와 한반도는 어떤 관계였던 것일까? 그는 왜 죽임을 당했을까?

소가씨는 누구인가

일본 고대 문명의 발상지이자, 오랫동안 수도 역할을 했던 아스카에는 보는 이의 시선을 사로잡는 특이한 무덤이 하나 있다. 5개의 돌을 쌓아 만든 오륜탑(五輪塔)이 바로 그것이다. 무덤의 형태보다 더 흥미로운 것은 무덤의 주인과 관련해 내려오는 전설이다. 전승에 따르면 오륜탑에 묻힌 것은 1400년 전 일본 황궁에서 살해당한 소가노 이루카의 머리이다. 다치바나대학교 이노쿠마 가네카쓰 교수의 설명이 흥미롭다.

"당대 최고 권력자였던 소가노 이루카는 오륜탑에서 500미터가량 떨어진 곳에서 암살당합니다. 그가 암살당했을 때 자객의 칼에 의해 잘린 머리가 날아간 장소가 바로 오륜탑 자리라는 이야기가 전해집니다."

고대 왜의 황궁에서 일어난 잔인한 살인사건은 중국의 율령제도를 받아들여 중앙집권적인 정치체제를 수

아스카, 고대 일본의 문명이 싹튼 곳

18

좌. 소가노 이루카의 머리가 묻혀 있다는 오륜탑
아래. 〈다무봉연기회권〉이 보관되어 있는 아스카 인근의 탄잔 신사

〈다무봉연기회권〉에는 소가노 이루카의 살인사건 발생 당일의 정황이 자세하게 묘사되어 있다.

립했던 일본 역사상 최대의 정치 개혁 '다이카개신(大化改新)'을 일
으키는 촉매제 역할을 한다. 사건의 전말을 더 자세히 살피기 위해서
는 아스카 인근 탄잔 신사(談山神社)에 보관되어 있는 한 점의 그림
에 주목해야 한다. 당시의 충격적인 사건을 사실적으로 기록한 〈다무
봉연기회권(多武峰緣起繪卷)〉이라는 오래된 그림이다.

　　〈다무봉연기회권〉에는 일본 역사를 뒤흔든 살인사건 발생 당일
의 여러 정황이 자세하게 묘사되어 있다. 살인은 바로 천황의 어전에
서 일어났다. 2명의 자객이 번갈아 휘두른 칼에 소가씨의 목이 그대
로 잘려나갔다. 이는 머리만 묻혀 있다는 오륜탑 무덤의 전설과 일치
한다. 그러나 죽음의 현장을 증언하는 것은 오직 오륜탑뿐이다. 살인

사건이 일어났던 아스카 판개궁은 오래전에 사라졌고, 지금은 건물 터만이 남아 당시의 비극을 침묵으로 증언한다. 바닥에 깔렸던 포석(鋪石)은 그 당시 화려했던 건물의 자취를 우리에게 넌지시 알려줄 뿐이다.

사건 당일로 다시 돌아가 보자. 1400여 년 전 그날, 황궁 한가운데 위치한 어전에서는 회의가 열리고 있었다. 천황 앞에서 외교와 관련된 안건을 보고하는 자리였다. 심상치 않은 표정으로 보고와 국서 낭독을 듣고 있던 소가노 이루카 앞에 무장을 한 2명의 자객이 나타났다. 그들은 사전에 준비한 대로 조금의 망설임 없이 소가노 이루카에게 다가가 그의 어깨와 머리를 벴다. 최고 권력자를 제거하려는 쿠데타가 일어난 순간이었다.

자신의 신분에 어울리지 않는 처참한 죽음을 맞은 소가씨는 과연 누구일까? 교토 부립자료관에는 일본 왕실에 대대로 전해 내려오는 《상궁성덕법왕제설(上宮聖德法王帝說)》이라는 책이 있다. 호류사(法隆寺)를 짓는 등 일본 불교를 부흥시키는 데 크게 기여한 쇼토쿠 태자(聖德太子)에 관한 가장 오래된 문헌으로, 7세기 이후의 고대 사료를

위. 《상궁성덕법왕제설》. 일본 왕실에 대대로 전해 내려오는 책. 소가씨가 본래 '임씨'라고 적혀 있다.
아래. 고대 일본 황족들의 가계를 상세하게 정리한 《신찬성씨록》에는 '임씨'가 백제 사람이라고 기록되어 있다.

소아씨의 집터로 추정되는 아마카시노오카 유적지 발굴 현장 모습

편집하여 10세기경에 집대성되었다. 바로 이 책에 문제의 소가씨에 대한 기록이 나온다. 책에 따르면 소가씨는 원래 임(林)씨였다. 고대 일본 황족들의 가계(家系)를 상세하게 정리한 또 다른 책《신찬성씨록(新撰姓氏錄)》에는 더 상세하고 놀라운 내용이 실려 있다.

임씨는 백제 사람 목(木)씨에서 나왔다.

《신찬성씨록》 중에서

'임씨'는 원래 백제 사람인 '목씨'라는 것은 어떤 의미일까? 이를 그대로 해석하면 일본 조정을 좌지우지했던 소가씨는 백제에서 바다를 건너 일본에 간 도래인(渡來人)이다.

소가씨의 출신과 관련해 아스카 지역의 야산에서 2005년부터 진행되고 있는 아마카시노오카(甘樫丘) 유적 발굴 조사가 우리의 눈길을 끈다. 조사가 이루어지고 있는 장소가 바로 과거 영화를 누렸던 소가씨의 집터로 추측되는 곳이기 때문이다. 발굴 조사를 담당하고 있는 나라 국립문화재연구소 반 히카루 연구원은 이렇게 설명한다.

"1994년에 주차장 주변 계곡 입구에서 조사를 시작한 것이 발굴 조사의 시발점이 되었습니다.《일본서기(日本書紀)》에 나오는 소가씨와 관련된 유적으로 생각하고 있습니다."

집터 일부에서는 검은색의 흙이 발견되었다. '초토(焦土)', 즉 '불에 타고 남은 땅'으로 이는 소가 가문 최후의 흔적이라고 할 수 있다.

소가노 이루카가 살해된 후 소가씨 가문은 완전히 몰락하고 만다. 일본열도 최고의 권력자였던 소가씨가 싸늘한 시체로 돌아온 순간 그의 집은 권력의 중심지에서 눈물과 탄식의 장소로 바뀌었다.

처참하게 살해당한 아들을 보고 충격에 빠진 그의 아버지 소가노 에미시(蘇我蝦夷)는 급기야 집을 불태우고는 자살해버린다. 오랜 세월 가문의 수장 노릇을 해왔던 그였지만 아들의 죽음 앞에서 이성적일 수는 없었던 것이다.

소가씨가 죽은 후 그의 시신이 집으로 옮겨지는 과정이 기록된 〈다무봉연기회권〉

그 참혹한 현장을 지켜본 목격자의 증언이 《일본서기》에 상세하게 기록되어 있다. 그중에는 직접적인 표현도 있다.

한반도 사람(韓人)이 그를 죽였다.

《일본서기》 중에서

총 무게 2,300톤의 거대한 돌로 만들어진 이시부타이. 소가노 이루카의 조부인 소가노 우마코의 무덤으로 추정된다.

이 증언은 일본인이 아닌 한반도 사람이 소가노 이루카를 죽였다는 것을 의미한다. 동북아역사재단의 이재석 박사는 이 증언에는 상징적인 의미가 들어가 있어 여러 가지로 해석할 수 있다는 의견을 개진한다.

"한인이 죽였다고 하는 것을 '직접 한인이 소가씨를 죽였다'로 볼 것인지, 아니면 '한인과 관련된 어떤 일 때문에 소가씨가 죽게 되었다'는 의미로 볼 것인지에 따라 해석이 완전히 달라집니다."

어느 쪽으로 해석하건 간에 그의 죽음이 한반도와 관련되어 있는 것만은 분명하다. 그 뒤에 이어지는 구절도 의미심장하다.

한반도 정세(韓政) 때문에 죽었다.

《일본서기》 중에서

이런 증언들로 궁금증은 도리어 증폭되었다. 백제계 소가씨는

이시부타이 고분은 백제 무녕왕릉처럼 횡혈식 석실로 일본에는 존재하지 않던 형태의 무덤이다.

왜 천황궁에서, 그것도 한반도 일과 관련되어 같은 도래인에게 처참하게 죽임을 당했던 것일까?

죽음의 비밀을 본격적으로 파헤치기 전에 살펴보고 가야 할 유물이 있다. 아스카에는 백제 양식의 거대한 무덤이 남아있다. 거대한 돌로 만들어진 까닭에 이시부타이(石舞臺, 돌로 만든 무대라는 의미)라고 불리는 무덤이 바로 그것이다. 다치바나대학 이노쿠마 가네카쓰 명예교수는 이 무덤을 소가노 우마코(蘇我馬子)의 무덤으로 추정한다. 쇼토쿠태자와 연대해 권력을 획득한 대가로 소가씨 가문의 전성기를 이끌었던 소가노 우마코는 소가노 이루카의 조부(祖父)이기도 하다.

총무게 2,300톤에 이르는 거대한 화강암으로 만들어진 그의 무덤은 천황의 무덤과 비슷한 규모이며, 일본에서 네 번째로 큰 무덤이기도 하다. 이노쿠마 가네카쓰 명예교수는 이 무덤에 대해 일본 고대 묘제와는 전혀 다른 형식이라고 설명한다.

"입구가 열려 있는 이시부타이 고분은 '횡혈식 석실(橫穴式石室)'이라고 부릅니다. 이 무덤 이전까지만 해도 일본에는 존재하지 않던 형태의 무덤입니다. 입구는 연도(羨道, 고분의 입구에서 시체를 안치한 방까지 이르는 길)로 옆으로 열려 있습니다. 안으로 들어가면 시체를 모시는 현실(玄室)이 나옵니다."

입구로부터 이어진 길을 지나면 관을 안치할 방이 나오는 무덤 구조는 우리에게 익숙하다. 백제의 대표적 무덤인 무령왕릉(武寧王陵)과는 벽돌과 돌이라는 소재의 차이만 있을 뿐 전체적인 구조가 매우 흡사하다. 관이 들어오는 길 끝에 죽은 이를 안치할 돌방을 들인 백제의 굴식 돌방무덤은 일본 횡혈식 석실의 원형이다.

고대인들에게 무덤의 크기는 권력의 상징이었다. 이로써 우리는 소가씨가 고대 일본의 수도에 백제 양식의 거대한 무덤을 축조할 정도로 막강한 권력을 휘둘렀던, 일본열도의 실질적인 지배자였다는 사실을 알 수 있다. 그렇다면 백제인 목씨는 도대체 어떻게 일본의 소가씨가 된 것일까?

목협만치와 소가노 마치

그 인연의 뿌리를 찾기 위해서는 서울 한강변을 주목해야 한다. 1997년 송파구 풍납동의 아파트 공사 현장에서 한반도의 고대사를 뿌리부터 뒤흔들 유적이 발견되었

다. 돌로 만든 대형 건물과 제사 유적, 거기에 포장도로까지 갖춘 도성의 흔적이 나타난 것이다.

유물도 쏟아져 나왔다. 다리가 3개 달린 삼족배(三足杯)부터 음식을 괴어 담는 고배(高排)에 이르기까지 발굴된 유물들은 너무도 뚜렷한 하나의 국가색을 표출하고 있었다. 국립문화재연구소 소재윤 연구원은 그 국가가 바로 백제라고 확정지어 말한다.

"백제의 전형적인 토기라고 할

위. 풍납토성에서 발굴된 다리가 3개 달린 삼족배
아래. 바닥에 굽이 달린 고배

아차산에 있는 또 다른 토성 시루봉의 보루

수 있는 다리 3개 달린 '삼족배', 바닥에 굽이 달린 '고배'는 물론 백제의 전형적인 형태를 갖춘 받침 용도의 그릇들이 다수 출토되었습니다. 유물들을 통해 백제의 중심지 역할을 했던 곳임을 확실히 알수 있습니다."

　총길이 3.5킬로미터에 이르는 토성도 함께 발견되었다. 현존하는 국내 최대 규모의 토성이다. 여러 가지 정황으로 학자들은 이 풍납토성 지역이 백제의 첫 번째 수도였던 한성 도읍지였음을 확신하고 있다.

　그런데 한강 건너편, 즉 풍납토성을 마주보고 있는 아차산에는 또 다른 성의 흔적이 있다. 시루봉의 보루(保壘)가 그것이다. 해발

아차산 봉우리에 군대가 주둔하며 전투를 준비한 당시 요새 복원도

300미터 산 위에 돌로 지은 성으로 총 1,100여 미터에 이르는 성벽 군데군데에 'ㄷ'자 형태의 치(雉)가 돌출되어 있다. 서울대학교 박물관 양시은 연구원에 따르면 이러한 형태는 고구려의 성에서 흔히 볼 수 있는 것들이다.

"'ㄷ'자 형의 치를 통해서 군사들은 양옆으로 접근하는 병사들을 공격할 수 있고, 또 병력이 부족한 곳을 찾아 빠르게 지원할 수 있습니다. 치는 고구려의 대표적인 성벽 방어 구조물입니다."

그뿐만이 아니다. 아차산 봉우리 곳곳에는 군대가 주둔하며 전투를 준비한 요새의 흔적이 남아있다. 성벽과 목책을 두르고 온돌까지 들여 건설한 꽤 큰 규모의 보루이다. 발굴 현장에서는 다량의 무

위·아래. 아차산에서 발굴된 창과 화살촉

기도 함께 출토되었다. 철로 만들어진 큰 칼과 창, 그리고 화살촉 같은 무기들은 하나같이 날카롭고 정교했다. 아차산성은 철저한 전투태세를 완비했던 고구려 최남단의 전진기지였던 것이다.

백제의 도읍지 바로 앞에 고구려 군이 주둔하고 있었던, 심각한 대치 상황을 이해하기 위해서는 5세기 당시 삼국이 직면했던 정황을 먼저 파악해야 한다. 당시 고구려, 백제, 신라 3국은 한강 유역을 차지하기 위해 국운을 건 치열한 경쟁을 벌이고 있었다. 475년, 마침내 고구려가 백제를 공격하고 나선다. 그러나 백제는 최전성기를 구가하고 있던 고구려의 상대가 못 되었다. 개로왕이 죽고 한성(서울 송파구 풍납동 일대)마저 빼앗긴 백제는 한강 유역에서 물러나 남쪽으로 수도를 옮긴다. 그곳이 웅진, 즉 현재의 공주이다.

금강을 낀 해발 110미터 능선에 공산성을 쌓고, 요새를 구축한 백제는 와신상담 재기를 노렸다. 비상시국에 군주의 자리에 오른 문주왕은 자신이 신뢰하는 한 신하에게 특명을 내린다. 위기에 빠진 백제를 구하기 위한 숱한 고민 끝에 나온 복안(腹案)이었다. 그 신하의 이름이 바로 목협만치(木協滿致)였다. 《삼국사기(三國史記)》는 문주왕의 선택을 이렇게 소개한다.

문주왕이 목협만치와 남쪽으로 갔다.

《삼국사기》 중에서

말 그대로 문주왕은 목협만치를 남쪽으로 보냈고 그가 향한 남쪽은 바다 건너 섬나라, 즉 일본을 뜻했다. 이후 목협만치의 행방을 알 수 있는 것은 이것이 전부이다. 일본에 도착한 이후 목협만치의 행보는 더 이상 한반도의 역사서에 나타나지 않는다. 그런데 거의 같은 시기에 쓰인 일본 역사서 《일본서기》에는 새로운 인물이 등장한다. 그의 이름은 바로 '소가노 마치(蘇我滿智)'이다.

'소가노 마치'는 백제 문주왕이 일본에 파견한 사신 '목협만치'와 그 발음이 대단히 유사하다. 대다수의 학자들은 목협만치와 소가노 마치를 동일한 인물로 보고 있다. 가쿠슈인대학교의 스즈키 야스타미 교수 또한 그 견해를 지지한다.

"그 이유는 너무도 명확합니다. 소가씨의 시조인 만치(滿智)라는 인물과 한국의 자료에 등장하는 목(협)만치(滿致)라는 이름의 발음이 매우 비슷하기 때문입니다."

《삼국사기》

그렇다고는 해도 여전히 의문이 남는다. '목'이라는 백제 성(姓)이 도대체 어떤 과정을 거쳐서 '소가'씨가 된 것일까? 목협만치가 정착했다고 전해지는 일본 지역의 지명과 연관시켜보면 이 의문은 자연스럽게 풀린다.

고대 일본의 수도였던 아스카에는 소가마치(曾我町)라는 작은 마을이 있다. 마을 이름은 그 지역을 흐르는 소가천(蘇我川)에서 비롯된 것이다. '소가'는 한자 '소아(蘇我)'의 일본식 발음으로, 소가노 마치의 성과 동일하다. 스즈키 야스타미 교수는 소가노 마치가 소가 지역에서 호족을 지냈을 것으로 추정한다.

"소가는 지명을 바탕으로 한 호족의 성(姓)이라고 이해하는 게 타당합니다. 그 지역에 백제 계열을 비롯한 도래인이 많이 살았기 때문에 소가씨와의 접점 또한 그렇게 이해해야 하는 것입니다."

아스카에 도착한 백제인 목협만치는 소가 지역에 정착한 후 그 지역의 이름을 따라 '소가'라는 성을 얻은 것이다. 지금도 소가 지역에는 소가씨의 시조를 모시는 소가(宗我) 신사가 남아있다. 일본의 유력한 귀족들에게는 자신이 지배하는 지역에 자기 가문을 기리는 신사를 세우는 전통이 있었다. 조국인 백제에 닥친 국난을 타개할 도움을 요청하기 위해 바다를 건넜던 백제인 목협만치는 아스카에 정착해 일본 제1의 귀족으로 성장하기에 이른 것이다.

백제계 도래인이라는 소수파에 지나지 않는 소가씨가 고대 일본에서 강력한 힘을 발휘할 수 있었던 비결은 무엇일까? 답은 의외로 간단하다. 소가씨의 뒤에 그의 조국 백제가 있었기 때문이다. 이런 정황에 대해 기타니시 요시모토 궁사는 이렇게 설명한다.

"소가씨는 한반도의 문물을 적극적으로 도입했습니다. 그 힘을 바탕으로 정치권을 장악했고, 그 결과 아스카 궁궐 안에서 엄청난 권

소가씨의 시조를 모시는 소가 신사

력을 휘두르기에 이르렀습니다."

　고대 일본을 100년간 실질적으로 통치했던 실세(實勢) 가문인 소가씨의 뿌리는 백제였던 것이다. 백제의 귀족 목씨는 바다를 건너 아스카에 정착한 후 고대 일본 최고의 귀족 소가씨로 다시 태어났다.

소가씨는 한반도와 일본의 중계자

일본에 정착한 소가씨 가문은 조국 백제와 일본 사이에서 특별한 인연을 만들어나갔다. 백제의 세 번째 수도였던 부여 주위에는 백마강이 흐른다. 지금은 한적하지만 고대에는 중국과 일본의 사신이 백제로 올 때 주로 이용하던 의미 있는 물길이었다. 바로 이 백마강에서 소가씨가 백제와 교류한 흔적을 찾아볼 수 있다. '의자왕과 3,000 궁녀' 전설로 유명한 낙화암 아래에 위치한 고란사(皐蘭寺)에는 1500년 전, 백마강 물길을 따라 백제에 온 특별한 손님들을 묘사한 벽화가 남아있다.

588년, 3명의 일본 소녀가 배를 타고 백제에 도착한다. 선진 불교를 배우기 위한 목적이었다. 세 소녀는 백제와 일본 양국의 협의를 거쳐 공식적으로 파견된, 지금으로 치면 일종의 국비유학생이었던 셈이다. 한국전통문화학교 이도학 교수는 이러한 교류는 소가씨가 있었기에 가능한 일이었다고 단정 짓는다.

"《일본서기》를 보면 백제로부터 불법을 구하기 위해서 시마메, 도요메, 이시미라고 하는 3명의 소녀를 보냈다는 대목이 나옵니다.

위·아래. 백마강 인근에 자리한 낙화암과 고란사

위·아래. 고란사의 벽화. 불법을 구하기 위해 백제를 찾은 일본 소녀 3명을 묘사하고 있다.

그런데 세 소녀는 조정의 실권자인 소가씨 세력과 연관되어 있다고 설명하고 있습니다. 그로 인해 출국 과정에서도 일본 황실의 대대적인 환송을 받았습니다."

소가씨가 백제와 일본 조정 사이에서 양쪽을 중계하는 역할을 맡았음을 알 수 있는 대목이다. 소가씨는 일본을 찾은 백제 사신에게 승려의 파견을 제안했고, 그들을 통해 대륙에서 유입된 선진 문물을 함께 전수해줄 것을 요청했다. 그뿐만이 아니었다. 소가씨는 가문의 힘을 동원해 직접 불교 사찰을 세우기까지 했다. 596년 완성된 일본 최고(最古) 사찰 아스카사(飛鳥寺)가 바로 소가노 우마코가 발원해 세운 절이다. '불법을 흥성시킨다'는 뜻의 '법흥사(法興寺)'로 불리기도 했던 아스카사는 소가씨의 주도로 세워졌고, 그런 까닭에 아스카사는 소가씨 가문의 절이기도 했다.

일본의 불교 역사를 체계적으로 정리해놓은 역사서 《부상략기(扶桑略記)》에는 아스카사의 탑 기둥을 세우던 날에 대한 설명이 상세하게 나온다. 건설을 주도했던 소가씨를 비롯한 참석자 100여 명이 모두 백제식 옷을 입고 있었다는 대목이 인상적이다. 그들은 소가씨와 함께 열을 지어 걸으며 탑의 기둥 아래에 묻을 석가모니의 유골, 즉 불사리(佛舍利)를 직접 운반했다. 고대 일본의 수도에 거대한 백제의 행렬이 나타난 순간이다.

소가 대신과 함께 100여 명이 모두 백제 옷을 입었다.

《부상략기》 중에서

소가씨를 비롯한 그들 모두가 백제에서 건너간 도래인임은 두말할 필요가 없다. 권력의 정점에 섰던 소가씨는 일본에 정착한 백제인들의 구심점 역할을 했다. 그는 사찰 건축에 필요한 인력 모두를 조국 백제에서 직접 불러들였다.

일본 최초의 석가여래상으로 일본인들의 자부심의 상징인 아스카 대불에도 백제의 손길이 깃들어 있다. 아스카 대불은 백제계 도래인의 손자인 사마지리(司馬止利)가 불상을 만든 지 10여 년 만에 완성했다고 한다. 탑의 상륜부(相輪部, 불탑의 꼭대기에 있는 쇠붙이로 된 원기둥 모양의 장식 부분)를 받치는 장식인 노반을 만드는 기술자, 기와를 굽는 전문가, 벽화를 그리는 화공(畵工)에 이르기까지 백제의 기술이 미치지 않은 곳은 없다. 고려대

위. 일본의 불교 역사를 체계적으로 정리해놓은 《부상략기》
아래. 백제와 일본 조정을 중계했던 소가 가문에서 세운 아스카사

37

위. 아스카 대불. 백제계 도래인의 손자인 사마지리가 만든 지 10년 만에 완성되었다.
아래. 아스카사 입체도. 사찰 건립을 시작으로 소가씨는 백제의 선진 문명을 받아들여 일본열도 내에서 완전한 입지를 다지게 된다.

학교 역사교육과 김현구 명예교수는 당시의 불교는 지금 우리가 생각하는 것 이상으로 중요한 역할을 했음을 강조한다.

"불교는 단순히 종교가 아니고 종합적인 문화였습니다. 불교가 들어가면 건축을 비롯해 기와 제작과 채색, 쇠를 다루는 기술과 문자, 사상들이 종합적으로 함께 들어가는 것입니다. 이러한 선진 문화를 받아들이는 효과는 무척 큽니다. 불교 문화의 전수를 통해 소가씨는 피지배층, 혹은 경쟁 관계에 있는 다른 호족에 대해서 자기들의 우월성을 과시하게 되는 것이고, 그 결과 일본에서 지배적인 지위를 얻어 유지해나갈 수 있었습니다."

조국 백제의 선진 문명은 소가씨가 일본열도 내에서 입지를 든든하게 다지는 데 있어 중요한 역할을 했다. 소가씨는 아스카사의 중심에 5층 목탑을 세웠다. 그리고 동쪽과 서쪽, 북쪽에 각각 3개의 금당을 배치하고 그 주위에 회랑을 둘러 자신의 위세를 과시했다. 소가씨를 중심으로 한 백제와 일본의 교류는 결국 일본 최초의 문명인 아스카시대를 여는 결과를 가져왔다. 사찰 건립으로 완전한 입지를 굳힌 소가씨는 아스카사가 내려다보이는 인근 야산 위에 자신의 저택을 지어 가문의 위세를 만방에 과시하기에 이른다.

소가씨 저택의 발굴 결과 집터에서는 특수한 건물의 흔적이 발견되었다. 건물을 지탱했던 크고 작은 기둥의 흔적이다. 나라 국립문화재연구소 반 히카루 연구원은 이들 흔적을 한국과 연관 짓는다.

"큰 기둥 구멍의 사이에 도랑이 있고, 도랑 사이에 작은 구멍이 파여 있습니다. 이러한 구조는 아스카에서 발굴된 '한국식 대벽(大壁) 건물'과 유사합니다."

큰 기둥 사이에 작은 기둥들을 세우고, 그 공간을 채워 커다란 벽을 만드는 대벽 건물은 한반도에서 건너온 백제 전통의 건축법이다. 발굴 조사 결과 소가씨의 집에는 기둥을 세운 창고 건물이 여러 채 있었으며, 그 가운데에는 무기고도 있었다. 소가씨에게 사병이 있었음을 알려주는 대목이다.

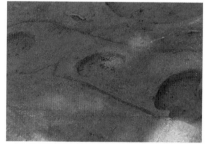

아스카에는 소가씨가 썼던 또 다른 집이 남아있다. 현재는 사찰로 쓰이고 있지만 바닥에 판개궁처럼 포석이 깔려 있는 것으로 보아 7세기에는 대(大)저택이었음을 알 수 있다. 이는 황실의 건물에만 쓰이던 고급 건축 양식이다. 그 이름 또한 화려한 건축 양식에 어울리는 '풍포궁(豊浦宮)'이다. 다치바나대학교의 이노쿠마 가네카쓰 명예교수는

위·아래. 아스카사 인근 야산에서 발굴된 소가씨의 저택에는 크고 작은 기둥의 흔적이 남아있다.

궁(宮)은 아무 저택에나 붙일 수 있는 명칭이 아니라고 설명한다.

"궁(宮)은 원래 천황이 사는 곳을 지칭하는 단어입니다. 소가씨의 위상을 짐작할 수 있습니다."

궁이라 불릴 정도로 호화로운 저택에 살았던 소가씨에게는 천황을 능가하는 힘과 권력이 있었다. 일본의 역사서 《일본서기》에는 당시 상황과 관련해 의미심장한 구절이 기록되어 있다.

항상 50명의 병사를 거느렸다.

《일본서기》 중에서

천황을 만날 때 수십 명의 군사를 데리고 갈 만큼 소가씨의 위세는 대단했다. 그의 힘은 천황을 넘어서고 있었다. 이토록 막강한 권력을 자랑하는 소가씨에 대해 당시의 천황인 스슌(崇峻) 천황은 공공연하게 적대감을 표현했다. 《일본서기》의 기록이다.

이 산돼지의 목을 자르는 것과 같이 내가 싫어하는 사람의 목을 언제 자를 것인가?

《일본서기》 중에서

그러나 역사는 의외의 결과를 우리에게 알려준다. 소가씨를 죽이고 싶어 했던 스슌 천황은 592년 11월, 그를 죽이겠다는 의사를 실천에 옮기기도 전에 살해되고 만다. 소가씨가 그보다 한 발 빨랐던 것이다. 소가씨는 자신이 세운 스슌 천황이 공공연하게 적의를 드러

스슌 천황을 제거한 후 소가노 이루카가 풍포궁에서 새로운 천황을 추대하는 장면을 그린 〈장문풍포궁(長門豊浦宮)〉

내는 것을 그대로 두고 볼 수가 없었다. 그는 자신을 따르던 또 다른 백제계 도래인을 시켜 천황을 살해했다.

　이로써 스슌 천황은 일본 역사상 신하에게 살해당한 유일한 천황이라는 오명을 안게 된다. 살해되자마자 허겁지겁 당일에 장례가 치러진 것도 천황의 격에는 맞지 않는 것이었다. 자신과의 대결을 천명한 스슌 천황을 살해해 위세를 과시한 소가씨는 자신의 집인 풍포궁에서 아예 새로운 천황을 추대하기까지 한다. 일본 제33대 천황이자, 일본 역사상 최초의 여제인 스이코(推古) 천황이다. 그런데 스이코 천황은 소가씨의 외조카, 즉 소가노 이나메(蘇我稻目)의 외손녀인 소가노 기타시히메(蘇我堅塩媛)의 딸이었다.

일본 나가노 시. 이곳에서 발견된 미조구치노쓰카
고분에서는 고대인의 무덤이 발굴되었다.

자신의 인척을 천황으로 추대함으로써 소가씨는 일본열도의 실질적인 지배자가 되었다. 한번 자리 잡은 가문의 권력은 100년 동안 대를 이어 유지되었다. 그 기간 동안 소가씨와 백제와의 협력 관계 또한 변함없이 계속되었다.

당시 백제에서 건너온 도래인들의 위상을 말해주는 고고학적 증거가 하나 더 있다. 일본 중부 내륙 깊숙한 곳에 위치한 나가노(長野) 시에서 1996년부터 2년 동안 진행된 미조구치노쓰카(溝口塚) 고분의 발굴 조사 과정에서 발견된 고대인의 무덤이 바로 그것이다. 무덤 속에서는 철로 만든 갑옷과 함께 사람의 뼈가 나왔다.

도로 공사 때문에 비로소 세상의 빛을 보게 된 이 오래된 무덤에는 돌로 벽을 쌓고 천장을 덮어 만든 구덩이식 돌방이 있었다. 바로 그 안에 유골이 있었다. 무덤의 주인은 누구였을까?

발굴팀은 유골을 분석해 피장자에 대한 정보를 밝혀냈다. 그 결과 유골의 주인은 164센티미터의 키에, 마른 체형을 한 40세 안팎의 남자였다. 당시로서는 꽤 건장한 편에 속했던 남자는 유전적인 형질부터 일본인들과는 달랐다. 치아의 형태와 크기, 그리고 신장이 비교적 크고 마른 체형인 점에서 도래인 계통의 남성일 것이라는 추측으로 이어졌다. 철로 만든 갑옷 또한 그러한 추측을 뒷받침하는 결정적 증거였다. 그는 백제에서 건너간 도래인으로, 백제의 철기 문명을 바탕으로 강력한 군사력을 보유했던 사람임에 틀림없었다. 그렇다면 과연 그는 누구일까?

우리는 《일본서기》를 통해 그의 이름을 정확히 알 수 있다. 바로 '시나노(科野)'이다. '시나노(科野)'는 나가노(長野)의 옛 지명이다. 그는 소가 지역에 정착한 소가씨처럼 시나노에 정착하여 지명을 성으로 쓴 백제계 호족이었던 것이다.

당시 백제의 상황은 여전히 좋지 않았다. 백제는 고구려에게 빼앗긴 한성을 되찾기 위해 전력을 다하고 있었다. 신라와 연합해 고구려에 총공세를 퍼부었지만 상황은 좀처럼 반전되지 않았다. 시나노는 일본열도에서 확보한 힘을 조국 백제를 위해 썼다. 일본에서 태어나 관료가 되었던 시나노는 천황에게 백제의 뜻을 전하는 역할을 맡아 전세를 역전하도록 적극적으로 노력했다.

백제가 군사를 청했다.

《일본서기》 중에서

백제는 고심 끝에 왜에 군사적 지원을 요청했다. 왜 조정은 백제의 요구를 받아들였을까? 미조구치노쓰카 고분에 그 단서가 숨어 있다. 고분에서는 사람의 유골 외에 6마리의 말뼈가 함께 발견되었다.

고대 전쟁에서 가장 중요한 군수

미조구치노쓰카 고분에서 발굴된 무덤은 돌로 벽을 쌓아 천장으로 덮어 만든 구덩이식 석실이 있었다.

미조구치노쓰카 고분에서 발굴된 6마리의 말뼈 중 일부

물자 중 하나였던 것이 바로 말이다. 그런데 말은 당시 일본에는 존재하지 않던 귀한 동물이었다. 어떻게 귀한 말을 사람과 함께 순장할 수 있었을까? 나가노 현 이다 시 교육위원회 시부야 에미코가 그 의문을 풀어준다.

"본래 일본에는 말이 없었다고 알려져 있습니다. 그러므로 외부에서 말을 들여온 것이 분명합니다. 말의 도입과 함께 말을 키우는 기술, 기마술까지 전해졌을 것입니다. 당시의 상황을 고려할 때 일본의 한 지역을 경유하여 한반도나 대륙에서 일본에 말이 전해졌으며 그 말이 나가노 현 이다 시까지 들어온 것으로 보입니다."

고대 나가노를 군마의 생산지로 만든 것은 다름 아닌 백제계 도래인들이었다. 그들은 일본에서도 가장 깊은 내륙 지역에 속하는 나가노까지 말을 들여왔고, 사육 기술과 기마술 등을 전수하면서 자신들의 영향력을 넓혀갔다. 그리고 그렇게 비축된 힘을 바탕으로 조국인 백제를 도우려고 했다. 자신들이 키운 말을 비롯한 군수물자들을 백제에 지원하려고 시도한 것이다.

선진 문명을 수용하는 입장에 있었던 왜 조정은 우수한 기술을 보유한 백제와 백제계 도래인들의 요청을 받아들일 수밖에 없었다. 왜 조정을 설득하는 데 성공한 도래인들은 바다 건너로 수백 필의 말은 물론 무기와 군사까지 함께 보냈다. 551년, 왜 조정과 백제계 도래인의 지원을 등에 업은 백제 성왕은 마침내 한성 탈환에 나선다. 백제와 왜 그리고 신라, 가야까지 합세한 연합군의 파상공세에 고구려는 손을 들고 말았다. 그렇게 백제는 오랜 숙원이던 한성을 되찾는 데 성공한다. 소가씨와 시나노 등 백제계 도래인들은 백제와 왜, 두 나라의 운명을 하나로 만드는 데 있어 중요한 역할을 담당했던 것이다.

백제가 시나노를 보내 군사를 청했다.

《일본서기》 중에서

백제는 도래인을 통해 일본열도에 앞선 문명을 전달했다. 일본은 그에 보답하는 의미로 백제에 군사적인 지원을 했다. 이를 통해 백제와 일본을 잇는 인연의 고리가 만들어졌다. 고려대학교 역사교육과 김현구 명예교수는 그 결정적 역할을 한 소가씨 가문의 공로를 높이 평가한다.

"백제는 왜에 선진 문물을 전해주고, 왜는 그 대가로 백제를 군사적으로 지원해주는 특별한 용병(用兵) 관계였습니다. 양국 관계가 유지되도록 중계 역할을 한 사람들은 백제에서 건너가서 일본에 자리 잡은 유력한 호족들로, 그 대표적인 가문이 바로 소가씨입니다. 소가씨는 양국을 중계하면서 급속하게 성장한 세력이었던 것입니다."

당이 몰고 온 국제 정세 변화

6세기가 지나고 7세기에 들어서면서 동아시아의 국제 정세는 급격하게 변하기 시작한다. 그 중심에 당(唐)나라가 있었다. 618년, 당은 350여 년 간 계속된 중국 대륙의 혼란을 평정하고, 통일 국가를 수립하는 데 성공한다. 당태종 이세민은 대륙의 통일에 만족하지 않고 주변 민족들을 향한 자신의 군사적 야심을 노골적으로 드러낸다.

630년, 동쪽에 자리한 강국 돌궐마저 정복한 당나라는 파죽지세로 정복 사업을 벌여 중앙아시아까지 영토를 넓혀간다. 고구려와 백제의 잦은 공세에 고전하던 신라는 변화하는 정세를 재빨리 읽은 후 당과 연합하고, 그 결과 동아시아는 친당 노선을 기준으로 양분되는 상황을 맞는다.

632년, 당은 일본에게까지 손을 뻗는다. 사신을 보내 신라처럼 자신들의 편에 설

당태종 이세민은 350여 년 간 계속된 중국 대륙의 혼란을 평정하고 통일 국가를 수립한다.

것을 요구한 것이다. 하지만 일본은 단호하게 거절한다.

《구당서(舊唐書)》 중에서

당나라 사신은 일본과 의전 문제로 다투다가 아무 소득 없이 돌아가고 만다. 동북아역사재단의 이재석 박사는 이런 해프닝이 단순히 외교상의 의전 문제가 아니라 국제 정치의 역학 관계 때문에 발생한 것이라고 해석한다.

"사료에는 예(禮)를 놓고 다투었다고 나오지만 실제적으로는 당의 요구 사항을 일본이 거절한 것입니다. 정치적으로 해석한다면 당이 요구했던 친당(親唐) 노선의 제안을 일본이 일언지하에 거절한 것이죠. 그 결과 고표인 사건 같은 껄끄러운 방식으로 일이 전개된 것이 아닌가 생각합니다."

644년 10월, 드디어 당은 국경을 맞대고 있는 고구려에 대한 공격을 시작한다. 동아시아 패권을 다투는 두 국가의 다툼은 치열했다. 두 나라는 지금의 중국 요령(遼寧)성의 요하(遼河)를 사이에 두고 접전을 벌인다. 당이 고구려를 압박하고 나서자 왜는 커다란 위기의식을 느낀다. 소가씨의 죽음을 묘사한 〈다무봉연기회권〉에는 당시 왜 조정이 느꼈던 불안감이 적나라하게 묘사되어 있다.

일본의 귀족들은 급변하는 한반도 정세를 보고 어찌할 바를 몰라 했다. 전과는 달리 조정의 외교 노선에 반기를 드는 의견들이 잇달아 터져 나왔다. 그들은 기존의 외교 노선을 수정해서 당은 물론 친당 노

선을 수립한 신라와도 우호적인 관계를 맺어야
한다는 주장을 제기하기 시작했다. 그러나 백제
출신 소가씨가 조정을 장악하고 있는 한 그것은
불가능했다. 소가씨에 대한 불만이 점차 높아졌
고, 팽팽한 긴장감이 조성되었다. 귀를 막은 완
고한 소가씨의 뜻을 꺾는 방법은 그를 없애는 것
하나뿐이었다.

신라계 도래인 나카토미노 가마타리

그즈음 아스카사에서 귀족들이 참여한
'축국(蹴鞠, 공을 땅에 떨어뜨리지 않고 차던 놀이)'
모임이 열린다. 그런데 놀이 도중 나카노오에(中大兄) 황태자의 신발
이 벗겨지는 일이 발생한다. 그 광경을 지켜보던 한 귀족이 신발을
집어 그에게 다가간다. 가벼워 보이는 이 행동이 왜와 신라라는 새로
운 연대를 하는 계기가 된다.

그 귀족의 이름은 나카토미노 가마타리(中臣鎌足)로, 중국에서
학문을 배우고 돌아온 미나부치노 쇼안(南淵請安)의 영향을 받아 천
황 중심의 중앙집권적 정치체제에 관심이 많은 인물이었다. 중요한
것은 그가 소가씨와는 달리 신라계 도래인이었다는 사실이다. 고려
대학교 역사교육과 김현구 명예교수는 나카토미노 가마타리의 근거
지를 오사카 근처로 추정한다.

"나카토미노 가마타리의 고향은 지금의 오사카 근처에 위치한 미
시마(三島)라는 곳입니다. 그 지역 신사들의 70퍼센트는 신라 계통입
니다. 그리고 그의 조상신이 신라 계통인 것으로 보아 그는 신라 사람
일 가능성이 꽤 농후합니다."

아스카에서 황태자 나카노에는 축국을 하다가 신라계 도래인 나카노미노 가마타리를 만나 새로운 연대를 하게 된다.

소가씨의 위세에 눌려 있던 황실과 신라계 귀족이 소가씨의 전횡을 막기 위해 힘을 합친 것이다. 그들은 거사 계획을 치밀하게 세운다. 그리고 645년 6월 12일, 무장을 하고 판개궁으로 향했다. 어전 밖에 군사들을 배치해 만일의 실수에 대비하고, 소가씨를 해칠 기회만을 노렸다. 이날 쿠데타 세력들은 미리 입을 맞춰 어전에서는 무기를 휴대할 수 없다는 원칙을 내세웠다. 자신의 권력을 과신했던 소가씨는 무심코 이 말에 따른다. 그는 비무장 상태였다.

한인이 죽었다.

《일본서기》 중에서

목격자들은 한반도 사람이 그를 죽였다고 소리쳤다. 천황의 어전에서 일어난 쿠데타로 아스카의 실권자였던 소가노 이루카는 허망하게 생을 마감하고 말았다.

《일본서기》 중에서

소가씨는 변화된 국제 역학에도 불구하고 백제와의 인연을 끝내 고집했고, 그 때문에 처참한 죽임을 당했다. 교토대학교 우에다 마사아키 명예교수는 그의 죽음을 일본이 백제에서 신라로 노선을 전환하는 과정에서 발생한 것으로 설명한다.

"한반도에 대한 외교 노선을 백제에서 신라 쪽으로 바꾸는 와중에 일어난 사건입니다. 백제 일변도의 외교는 결국 당나라와 적대적인 관계를 형성할 수밖에 없기 때문에 일본으로써는 생존을 위해 어쩔 수 없이 신라를 선택해야만 했습니다."

소가씨가 살해된 다음 해인 646년, 일본 조정은 신라에 다카무코노 구로마로(高向玄理)를 사신으로 파견해 백제계 도래인 소가씨가 숙청되고, 신라계 도래인의 연합 정권이 들어섰음을 알린다. 그를 접견한 사람은 당시 신라의 실권자였던 김춘추였다. 다카무코노 구로마로는 그에게 일본과의

일본이 신라에 파견해 만난 사람은 바로 신라의 실권자였던 김춘추였다.

일본이 한반도 외교 노선을 백제에서 신라로 바꾼 것은 당나라와의 대립을 피하기 위한 것이었다.

관계 개선에 힘써줄 것을 제의한다. 고구려와 백제를 상대로 힘겨운 싸움을 벌이고 있던 신라로서는 마다할 이유가 없었다. 647년, 김춘추가 일본을 방문한 것이 그 증거이다. 일본 조정은 신라의 실권자인 김춘추를 크게 환대했다.

춘추는 용모가 아름답고, 쾌활하게 담소하였다.

《일본서기》 중에서

김춘추는 뛰어난 언변으로 일본 조정을 매료시키며, 신라와의 우호 관계를 이끌어내는 데 성공한다. 일본과의 교섭을 마친 다음 해인 648년, 김춘추는 일본의 국서를 지참하고 당나라로 간다. 그는 당태종을 만나 일본이 당에게 복속할 의사가 있음을 알린다. 그리고 백제와 고구려에 맞서기 위해 당과 신라, 일본이 연대할 것을 제의하기까지 한다. 백제의 편에 섰던 일본까지 친당 노선을 취하자 아슬아슬하게 유지되던 힘의 균형은 완전히 한쪽으로 기울어졌다. 이제 동아시아에서 고구려와 백제는 외교적으로 완전히 고립되는 신세가 된 것이다.

660년, 모든 준비를 마친 당나라는 마침내 백제를 향해 칼을 뽑았다. 13만 명의 나당연합군은 서해를 건너 백제의 심장인 사비성, 즉 부여를 향해 진격했다. 연합군의 물량 공세에 백제는 별다른 저항도 못해보고 속절없이 무너졌다.

백제 멸망 후에도 이어진 인연

한반도와 가장 가까운 일본열도의 서쪽 끝 후쿠오카에 위치한 에소하치만궁(惠蘇八幡宮) 신사에 풍전등화의 위기에 처한 백제의 상황을 짐작할 수 있는 그림이 남아있다. 일본 제37대 사이메이(齊明) 천황의 모습을 그린 〈섭주난파궁(攝州難波宮)〉이다. 이 그림에는 사이메이를 찾아온 백제 사신의 모습도 있다.

660년 10월, 일본을 찾아온 백제 사신은 사이메이 여제에게 다급한 소식을 전했다. 나당연합군의 공세를 견디지 못한 백제의 수도 사비성이 7월 18일에 이미 함락되었으며, 의자왕은 항복을 선언함으로써 항전을 포기했다. 그 결과 수

위. 일본 후쿠오카
아래. 후쿠오카에 위치한 에소하치만궁 신사

많은 백제인들이 당에 끌려가는 신세가 되었다는 비참한 소식이었다. 백제는 처한 상황을 설명하고, 일본에게 구원을 요청한다.

어려움에 처한 백제 사신이 일본에 찾아온 장면을 그린 〈섭주난파궁〉

이 소식을 들은 사이메이 여제는 백제를 살리겠다는 강력한 의지를 천명하기에 이른다. 신라와 우호적인 관계를 맺었던 일본이 백제 부흥을 위한 의지를 보인 것은 왜일까?

소가노 이루카가 살해당한 뒤 일본 조정에서 신라계의 입김이 거세지자 실질적인 권력자였던 나카노오에 황태자는 권력을 강화하기 위해 자신의 어머니인 사이메이 여제를 천황으로 옹립한다. 그리고 다시 한 번 백제계와 손을 잡는다.

장군에 나누어 명하여 여러 길을 같이 나아갈 것이다.
구름처럼 만나고 번개처럼 움직여 같이 백제 땅에 모여
그 원수를 참하고 긴박한 고통을 덜어주어라.

《일본서기》 중에서

《일본서기》에는 '위태로움을 돕고 끊어진 것을 잇는다'는 구절이 기록되어 있다. 그 구절 대로 백제의 멸망은 일본과 한반도 사이의 끈이 완전히 사라짐을 의미했다. 고려대학교 역사교육과 김현구 명예교수는 일본 조정에서 느꼈을 불안감에 주목한다.

매년 8월 나가노에서 열리는 어선제. 2개의 배 모형을 만들어서 부딪쳐 겨루기를 하는 이 축제는 선조들이 백제를 구원하기 위해 파병했던 군대의 배를 상징한다.

"당나라가 백제를 멸망시키고, 고구려까지 멸망시켜 한반도를 장악하고 나면, 그 뒤에는 일본까지 쳐들어올 것이라는 불안감에 사로잡힌 것입니다. 실제로 670년대에는 당나라가 일본을 공격한다는 소문이 일본 전역에 퍼지기까지 합니다. 그러한 불안감이 일본의 결정에 영향을 미쳤습니다. 백제와 고구려가 멸망하면 다음 순서가 일본이라는 위기의식을 갖고 있었기 때문에 어떻게 해서라도 한반도에서 당나라 세력을 저지해야겠다고 판단한 것입니다."

왜는 거국적으로 파병을 준비한다. 그 흔적이 지금도 남아있다. 백제계 도래인 시나노의 땅 나가노에서는 매년 8월이면 고대의 한 전쟁에 참전한 용사들을 기리는 어선제(御船祭)를 연다. 축제는 우리의 차전놀이처럼 2척의 배를 부딪쳐 겨루는 데서 절정에 달한다. 전사자들을 기억하고 바닷사람들의 용맹함을 기억하는 전통 축제 현장에서 마을사람들은 2개의 배 모형을 만들어 가지고 나온다. 하나는 자신들의 선조가 대한해협을 건너 백제로 건너가기 위해 탔던 배이고, 다른 하나는 그들이 맞서 싸운 신라와 당나라의 배이다. 1400여 년 전, 선조들이 백제를 구원하기 위해 군대를 파병했던 '백강(白江, 백촌강 전쟁이라고도 함) 전쟁'을 상징하는 것이다.

사이메이 여제는 일본에 머무르던 의자왕의 아들 부여풍(扶余豐)을 백제로 보내 부흥운동을 돕도록 한다. 그러고는 전쟁에 참여하기 위해 일본 전역에서 배를 만들고, 무기와 병력을 모으는 작업에 돌입한다. 당시 일본의 모든 역량을 결집하는 대역사(大役事)였다. 전국에서 모집한 인력과 물자가 집결한 곳은 쓰쿠시, 지금의 후쿠오카였다. 사이메이 여제가 갑작스럽게 사망했지만 나카노에 황자의 지휘 하에 준비는 계속되었다.

663년 3월, 마침내 모든 준비를 마치고 후쿠오카를 출발한 왜의 군대는 한반도 서해안의 백강을 향해 진격했다. 백강은 지금의 전북 부안에 위치한 동진강이다. 당시 백제 부흥군의 거점이었던 주류성(周留城)으로 들어가는 길목이기도 했다. 왜의 군대는 제법 위협적인 규모였다. 400척의 배에 병사의 수만 해도 2만 7,000여 명에 이르렀다.

같은 해 8월 27일, 백강 하구에는 살벌한 기운이 감돌았다. 그리고 당나라 전선 170척과 일본 전선 400척이 맞붙는 전투가 벌어졌다. 백제와 일본, 당과 신라 연합군 10만 명이 동원된 동아시아 최대 국제 해전(海戰)이었다. 그러나 지역 지원군으로 급하게 편성된 일본 군은 오랜 전투로 다져진 신라와 당의 정예군을 당해낼 수 없었다. 백제와 일본 연합군은 총 4회에 걸쳐 전투를 치렀지만 단 한 차례도 승리하지 못하고 참패하고 만다.

3,000명에 이르는 백제의 지배층은 일본 군과 함께 일본으로 퇴각하고 만다. 그것으로 모든 것이 끝이었다. 백제 부흥을 위해 국가적인 운명을 걸었던 일본의 노력도 패배와 함께 물거품이 되고 만 것이다.

그렇다면 패전 후 일본과 백제의 관계는 어떻게 되었을까? 비록 백제는 역사에서 사라졌지만 두 나라의 유대마저 끝난 것은 아님을 보여주는 흔적이 지금도 남아있다. 일본 규슈에 위치한 기쿠치(菊池)성은 백강 전쟁에 참전했던 기쿠치씨가 혹시 있을지 모를 당과 신라의 침공에 대비해 쌓은 성이다. 이 성에는 백제 양식의 건축물이 자리 잡고 있다. 백제 망명객들의 손길이 닿았던 흔적이다. 기쿠치성 박물관 야노 유스케 참사는 기쿠치성 축조에는 백제 귀족이 관여했음이 분명하다고 강조한다.

위. 일본 기쿠치
아래. 기쿠치성. 백강 전쟁에 참전했던 기쿠치씨가 혹시 모를 당과 신라의 일본 침공에 대비해 쌓은 성

"백제에서 망명한 귀족, 그러니까 고위 관료들이 와서 기쿠치성의 축성을 지도했다고 생각됩니다. 훗날 세운 동상이 있는데 의자에 앉아 손가락으로 지시하는 인물상은 바로 백제에서 망명한 귀족의 모습을 나타낸 것입니다."

일본이 국력을 총동원해가며 지키고자 했던 백제는 패망했지만 두 나라의 인연은 그것으로 완전히 끝난 것이

백제에서 망명한 귀족의 모습을 재현한 동상. 현재 일본 기쿠치성에 있다.

아니었다. 패전 후에도 백제 유민들은 일본에 건너와 일본 문화에 지대한 영향을 주었다.

뛰어난 문장 실력을 지녔던 사택소명(沙宅紹明)은 최고 권신들의 비문을 지었으며, 귀실집사(鬼室集斯)는 교육을 담당하는 부서의 장관을 지냈으며, 여자신(餘自信)의 후손들은 최고의 기술자 집단으로 명성을 누렸다. 길의(佶宜)는 뛰어난 의술을 발휘해 천황의 시의(侍醫)를 지냈으며, 낙랑하내(樂浪河內)는 토목에 재능을 발휘해 궁궐 건축에까지 관여했다.

이외에도 수많은 백제 유민들이 전한 선진 문명은 일본이 고대 국가로 발전하는 데 결정적인 도움을 주었다. 패망과 침탈의 두려움 속에서도 끊이지 않았던 교류와 소통, 그것은 오랜 세월 동안 문명의 빛을 주고받으며 쌓은 깊은 인연이 있었기에 비로소 가능했다.

다이카개신_____7세기 전반은 동아시아의 격동기였다. 수나라에 이어 당나라가 새로운 중국의 통일국가로 자리매김한 것이 그 시작이었다.

강성한 당나라는 한반도에 연쇄적인 영향을 일으켰다. 고구려에서는 연개소문이 영류왕을 죽이고 정권을 장악했으며, 백제에서는 의자왕이 자신에게 반기를 든 귀족들을 추방했다. 그러한 혼란의 시기에 왜에서 고교쿠 천황(皇極天皇)이 즉위한다. 그러나 당시 조정의 실권을 쥐고 있는 인물은 소가노 이루카였다. 《일본서기》에서는 그의 권력을 다음과 같이 실감나게 설명하고 있다.

> 소가노 이루카가 스스로 국정을 잡아서 그 위엄이 아버지보다 더욱 강했다. 이 때문에 도적도 그의 위세에 두려워하여 길에 떨어진 물건도 줍지 못했다.

여기서 아버지는 소가노 에미시를 말한다. 소가노 우마코가 권력을 장악한 이래 소가 가문은 소가노 에미시, 소가노 이루카로 권력을 이양하면서 전성기를 누리고 있었다. 권력의 독점은 반발을 낳는 법이다. 소가노 이루카의 정권에 대해 불만을 가진 이들이 나타나기 시작했는데, 그 대표적인 인물이 바로 나카토미노 가마타리였다. 신라계 도래인이었던 그는 당나라가 세력을 확장하고 있는 와중에 친백제 노선을 버리지 않는 것은 국가의 장래에 커다란 위험을 초래하리라고 판단했다.

나카토미노 가마타리는 신에게 제사를 지내는 일을 전담하는 귀족 집안 출신으로 그의 집안은 정계에서는 꽤 유력한 위치를 점하고 있었다. 독실한 불교 신자였던 그는 야심에 찬 인물이기도 했다. 그의 스승인 미나부치노 쇼안과 함께 당에서 귀국했던 승려 민(旻, 일본 아스카시대의 학승으로 다이카개신에서 중요한 역할을 함)은 그를 보며 이렇게 예언했다고 한다.

"소가노 이루카와 견줄 수 있는 인물은 내 주위에는 나카토미노 가마타리밖에 없다."

나카토미노 가마타리는 거사를 벌이기에 앞서 훗날 고토쿠 천황이 되는 가루노 황자를 위해 일하며, 나카노에 황자를 포섭한다.

위. 소가노 이루카. 백제계 도래인으로 고대 일본의 실권자였다.
아래. 풍포궁. 소가노 이루카의 집이다. 원래 '궁(宮)'은 황제가 사는 곳을 일컫는 말로 당시 소가노 이루카의 권력이 어느 정도였는지 가늠하게 해주는 역사적 유물이다. 현재 사찰로 사용되고 있다.

용의주도하게 사전 작업을 마친 나카토미노 가마타리는 마침내 645년 정변을 일으켜 소가노 이루카를 암살하는 데 성공한다.

새로운 천황이 된 고토쿠는 친당, 친신라 노선을 기본으로 하면서 중앙집권 체제를 강화하는 데 초점을 맞춘 일련의 개혁을 진행한다. 이 개혁이 바로 다이카개신이다. 개신의 핵심은 '개신(改新)의 조(條)'라는 것으로 그 내용이 《일본서기》에 전한다.

주요 내용은 왕족 및 귀족의 토지를 국유화하고 지방 행정 조직

《다무봉연기회권》은 일본의 다이카개신을 그린 그림으로써 당시 당나라의 위협에 한반도 외교 노선을 바꾸는 과정에서 소가노 이루카가 살해되는 정황이 묘사되어 있다.

을 정비하는 것, 호적을 작성해 백성들을 평민과 노비로 나눈 뒤 평민들에게 농토를 나누어주는 반전수수법(班田收受法)을 실시하는 것, 조용조(租庸調)를 근간으로 하는 새로운 조세제도를 시행하는 것 등이다. 다이카개신은 일본인에게는 매우 중요한 사건이다. 소수 귀족에 의해 좌지우지되던 차원에서 비로소 율령과 법에 의해 움직이는 국가로 바뀐 것이다.

동북아역사재단 이재석 박사는 다이카개신을 훗날의 메이지유신과 비교한다. 두 개혁 모두 일본 사회의 틀을 크게 바꾸어놓았는데 전자는 개혁의 모델이 된 국가가 중국이라는 점, 후자는 미국을 비롯한 서양이라는 점에서 차이가 있다고 설명한다.

다이카개신과 관련해 한 가지 명심해야 할 것은 이것이 일본의 임나일본부설(任那日本府說)과 관련되어 있다는 점이다. 고려대학교 역사교육과 김현구 명예교수는 이를 일본인들의 머릿속에 존재했던 공상적인 대립, 즉 중국 중심의 대제국(大帝國)과 일본 중심의 소제국(小帝國)의 구도로 설명한다.

"4세기 중반부터 6세기 중반까지 자신들이 한반도 남부를 지배했다는 것, 즉 임나일본부설이 일본의 통설입니다. 그 당시 일본인들은 한반도 남부까지를 지배하는 소제국 일본과 중국의 당나라라고 하는 대제국이 동아시아에서 대립되는 구도를 갖고 있었다는 것으로 인식합니다. 그런데 644년 당나라가 고구려를 공격합니다. 이에 소제국인 일본은 위기의식을 느낍니다. 당나라에 대항하기 위해서는 중앙집권을 강화할 필요가 있으므로, 결국 이를 위해 율령체제와 관료제를 받아들인 것입니다. 하지만 임나일본부설은 이미 밝혀졌듯 실제가 아니라 허구에 가까운 이론입니다. 그러므로 허구를 바탕으로 만들어진 다이카개신도 전면적으로 재검토되어야 할 것입니다."

백강 전쟁＿＿＿한국이나 중국에서는 백강 전쟁, 일본에서는 백촌강 전쟁이라고 부른다. 서기 660년 신라와 당나라의 연합군에 의해 백제가 멸망하자 왕족이었던 복신(福信)과 장수 흑치상지(黑齒常之) 등이 중심이 되어 주류성(周留城)을 본거지로 백제 부흥 운동을 일으켰다. 부흥군은 일본열도에 있던 부여풍을 불러들여 의자왕의 뒤를 잇게 하고, 일본 조정에 구원군을 요청한다. 백제의 요청에 일본이 부응하여 주류성으로 가는 길목인 백강 입구에서 신라와 당나라 연합군과 국제 전쟁이 벌어지게 되는데 이것이 바로 백강 전쟁이다.

그렇다면 다이카개신으로 일본에 친당, 친신라 정권이 들어섰는데 무엇 때문에 일본은 다시 백제를 구원하려고 한 것일까?

개신 후 등극한 고토쿠 천황과 개신의 주역이었던 나카노에 황자 사이에서는 곧바로 권력 투쟁이 벌어진다. 승자는 나카노에 황자였다. 그러나 나카노에 황자는 곧바로 천황에 오르지 않고 대신 어머니를 천황으로 옹립한다. 그녀가 바로 사이메이 여제이다.

사이메이 여제는 친백제 노선을 취하는데 이는 나카노에 황자의

나카노에 황자

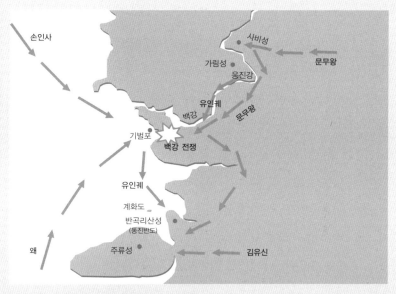

백강 전쟁 지도. 백강은 백제의 요청에 의해 주류성으로 가는 길목으로 이곳에서 나당연합군과 일본은
전쟁을 벌이게 된다.

권력 기반이 백제계 귀족 내지 친백제계 세력이었음을 뜻한다. 결국
나카노에 황자는 집권을 위해 다시 친백제 세력과 손을 잡게 된다.

　권력의 암투 와중에 국제 정세는 급변했다. 당나라와 신라가 손
을 잡고 백제를 멸망시킨 것이다. 사이메이 여제는 백제에 구원군을
파견하기로 결정한다. 이는 백제와의 친밀한 관계 때문이기도 하지
만 그보다 더 큰 이유는 당나라의 다음 목표가 일본이 될 것이라는
염려 때문이기도 했다.

　사이메이 여제는 거국적으로 병력을 결집하는 작업에 나서지만
그 와중에 사망하고 만다. 뒤를 이은 것은 나카노에 황자였다. 그러
나 국운을 건 파병은 참패로 귀착된다.

병력의 질과 수적 열세에서도 원인을 찾을 수 있겠지만 더 큰 문제는 백제 부흥군의 내분 때문이었다. 한반도에서 백제 부흥운동을 이끌던 복신과 왜에서 건너온 부여풍 사이에 대립이 빚어진 것이다. 세계 최강의 당나라와 신라 연합군을 적으로 한 전쟁에서 분열은 치명적이었다. 백강 전쟁의 패배로 백제 부흥의 꿈은 완전히 사라진다.

급박했던 사태가 일단락된 후 나카노에 황자는 나당연합군의 공격에 대비하여 수도를 아스카에서 내륙의 오미(近江)로 옮긴 후 오쓰(大津) 궁에서 즉위 해 텐지(天智) 천황이 되었다. 그렇다면 나카토미노 가마타리는 어떻게 되었을까?

고토쿠 천황과 나카노에 황자와의 권력 투쟁이 벌어지자 그는 나카노에 황자 편에 선다. 그리고 죽는 날까지 나카노에 황자, 즉 텐지 천황의 측근으로 활약한다. 텐지 천황의 나카토미노 가마타리에 대한 신임은 무척 두터웠다. 텐지 천황은 자신의 아들인 오토모(大友) 황자를 나카토미노 가마타리의 딸과 혼인시킬 정도였다.

669년 나카토미노 가미타리의 병이 깊어지자 텐지 천황은 직접 그의 집에 찾아가기까지 한다. 그리고 그에게 후지와라(藤原)라는 새로운 성(姓)을 하사하고, 대신의 지위를 부여한다. 나카토미노 가마타리가 사망하자 텐지 천황은 금향로를 하사한다.

후지와라 일족은 한 번 잡은 권력과의 인연을 결코 놓지 않았다. 황족을 제외한 집단으로서는 최고의 지위를 누렸다. 그리고 나라시대와 헤이안시대를 거치는 동안에도 정계에 큰 영향력을 발휘한다.

대륙에 당이 등장하여 동아시아의 세력 판도가 새롭게 바뀌는 가운데 일어났던 백강 전쟁 이후 왜는 일본(日本)이라는 국호를 쓰며 백제 등 삼국의 영향에서 벗어난다. 신라도 삼국통일을 완성하여 한반도에 단일한 국가를 세우게 되고, 비로소 오늘날의 한국과 일본 두 나라의 기틀이 확립된다.

2장

적대(敵對)

비극적 관계의 시작

> 외교는 개인 관계처럼
> 얽히고설키어 있다.
> 한 가지 문제의 해결은 대개
> 다른 문제로 이어진다.

〈뉴욕타임스〉 칼럼니스트 제임스 레스턴

지리산 자락에 위치한 남원 시 사매 면에서는 아이가 위험한 행동을 하지 못하도록 으를 때 '에비'라는 말을 쓴다. '에비'는 귀와 코를 뜻하는 한자어 '이비(耳鼻)'로부터 비롯된 말이다. 임진왜란 당시 조선인들을 죽이고 그 전과를 과시하기 위해 귀나 코 등 신체 일부를 잘라갔던 일본인에게 느꼈던 공포가 에비라는 말 속에 그대로 담겨 있다. 그런데 일본 규슈 북서쪽에 위치한 이키섬에도 한국과 유사한 속설이 담긴 인형이 있다. 이키 시립박물관 스도 마사토 관장이 설명하는 무쿠리고쿠리(蒙古高麗) 인형에 담긴 사연이 꽤 무섭게 다가온다.

"무쿠리는 '몽고 군(蒙古軍)'을, 고쿠리는 '고려 군(高麗軍)'을 의미합니다. 이키섬에서는 아이들이 부모의 말을 듣지 않으면 '무쿠리고쿠리'가 온다는 말을 합니다. 그 말을 들으면 아이는 금세 조용해집니다. '무쿠리고쿠리'가 얼마나 무서운 존재인지 잘 알고 있기 때문입니다."

무쿠리고쿠리는 700여 년 전인 1274년, 일본을 침공한 고려와 몽고의 연합군을 말한다. 역사의 한순간 양 국민의 뇌리 속에 깊이 박힌 공포는 그로부터 수백 년이 지난 지금도 사라지지 않고 그대로 남아있다. 피비린내 나는 전쟁의 기억은 한국과 일본, 두 나라의 뿌리 깊은 적대 관계의 시작이었다.

쿠빌라이 칸의 국서

일본 나라 현에 위치한 도다이지(東大寺)는 745년 건립된 절로 일본
화엄종의 총본산이다. 높이 17미터에 이르는 비로자나불상과 세계
최대 규모를 자랑하는 목조 금당으로 수많은 관광객을 불러 모으고
있다. 그러나 일반에게는 잘 알려져 있지 않지만 도다이지에는 일본
역사상 가장 유명한 국서(國書)가 한 통 보관되어 있다. 그것은 바로
《대몽고국황제봉서(大蒙古國皇帝奉書)》, 즉 원나라 황제가 일본에 보
낸 국서의 사본이다.

> 짐이 생각하건대 소국의 왕은 신의를 구하고 친목 다지기에 힘써야
> 한다. 하지만 일본은 아직도 사신을 우리에게 보내지 않았다. 이에 글
> 로써 짐의 뜻을 포고하노니 통교해 서로 친목할 지어다. 군사를 일으
> 키는 것을 누가 좋아하겠는가.
>
> 《대몽고국황제봉서》 중에서

국서에 어울리는 정중하고 부드러운 어투로 포장되어 있으나 실

일본 나라 현에 위치한 도다이지

은 복속하지 않으면 무력을 쓰겠다는 협박이나 다름없다. 이 편지를 보낸 장본인은 몽고제국 제5대 황제이자, 원나라의 시조인 세조 쿠빌라이(元世祖 忽必烈) 칸이었다. 유럽까지 공포에 떨게 한 칭기즈 칸의 손자로, 형 몽케(蒙哥) 칸이 병사(病死)한 후 권력을 장악한 그는 원나라의 황제가 되어 중국 남부와 고려, 나아가 일본과 베트남, 티베트까지 복속시키는 진정한 의미의 천하통일을 꿈꾸고 있었다.

당시 일본은 군사 정권인 막부(幕府)가 실권을 장악하고 있는 상태였다. 일본 최초 무사 정권인 가마쿠라(鎌倉) 막부의 수장 호죠 도키무네(北条時宗)가 일본열도의 실질적인 통치자였다. 1267년 그에게 쿠빌라이 칸이 보낸 국서가 도착한 것이다. 그런데 흥미로운 점이 있다. 당시 국서를 전한 것은 원나라 사신이 아니었다. 그들은 바로 고려인이었다. 고려 사신이 일본에 가서 원나라의 국서를 전달했던 이유는 무엇일까?

그 이유를 알기 위해서는 당시 고려의 사정을 먼저 파악해야 한다. 그 무렵 고려의 수도는 개경이 아닌 강화도였다. 1231년 원나라의 침입을 받은 고려는 그

위. 일본 역사상 가장 유명한 국서 《대몽고국황제봉서》
아래. 몽고제국의 제5대 황제인 쿠빌라이 칸. 당시 몽고는 중국 대륙을 비롯해 일본과 베트남까지 복속시키는 천하통일을 꿈꾸고 있었다.

이듬해 결사항전을 다짐하며 개경에서 강화도로 수도를 옮긴다. 문화재청 김형우 박사의 설명이다.

"지금도 강화에는 고려의 궁궐 터가 남아있습니다. 1232년에 강화도로 수도를 옮긴 고려는 1270년에 다시 개경으로 환도할 때까지 30여 년 동안 머물렀습니다."

고려는 유목 민족인 원나라의 속성상 해전에 약할 것이라는 생각에 강화도로 천도(遷都, 수도를 옮김)한 것이다. 그러나 당대 최강국 원나라의 기세는 무서웠다. 고려는 3중으로 성벽을 쌓고 처절하게 저

위. 일본 가마쿠라. 당시 일본은 군사 정권인 막부가 실권을 장악하고 있는 상태였다.
아래. 당시 막부의 수장이었던 호죠 도키무네

항했지만 원나라의 집요한 공격을 막아내지는 못했다. 1270년, 결국 고려는 더 이상 버티지 못하고 원나라에 항복하고 만다. 눈엣가시 같던 고려를 정복한 원의 다음 대상은 바로 일본이었다. 원은 항복한 고려 조정에 일본의 입조(入朝, 외국 사신이 조정 회의에 참여하던 일)를 성사시키라고 요구하기 시작했다.

일본은 그대 나라와 가까이 있고 법제나 정치도 갖추어져 있어 한(漢)나라와 당나라 이래로 간혹 중국과 통교했다는 말을 들었다. 이제 사신을 보내 그들과 통교하고자 하니 경(고려 왕)은 가는 사신을 잘 인도

원나라를 피해 강화도로 천도했던 고려가 쌓은 성벽

해 도착하게 하고 그들을 깨우쳐 대의를 따르도록 힘써야 할 것이다.

《고려사》 중에서

　　물론 원나라는 자신들의 요구에 따르지 않을 경우 발생할 불행한 사태에 대해 경고하는 것을 잊지 않았다. 일본이 복속하지 않으면 정복 전쟁에 나서겠다고 협박하고 나선 것이다. 전쟁이 벌어지면 고려 또한 인력과 물자를 제공해야 하니 그 과정에서 극심한 고통을 당할 것은 너무도 분명했다. 이미 참혹한 전쟁을 겪을 만큼 겪었던 고려는 어떻게 해서든지 무력 충돌만은 막아야 했다. 원나라에 사신으로 가 해동현인(海東賢人)이라는 칭호를 받을 정도로 외교술이 뛰어났던 문하시랑(門下侍郎) 이장용은 원나라의 의도를 정확하게 읽고, 그들을 설득하기 위해 애를 썼다.

일본은 바다 멀리 있어 중국과 서로 통하기는 했으나 공물을 바치지는 않았고, 중국도 이를 개의치 않아 그들이 오면 무마하고 가면 그만이었습니다. 국서를 보냈다가 거절하면 황제께 누가 되고 전쟁을 하자면 군사들의 안전을 보장할 수 없습니다.
서두르지 말고 기다려 그들이 오면 복속을 권장하고 오지 않으면 망각의 땅에 내버려두는 것이 성인의 지극한 덕입니다.

〈고려사〉 중에서

한림대학교 일본학과 남기학 교수는 그 당시 정책으로 고려가 처한 어려움을 충분히 읽을 수 있다고 설명한다.

"원나라에서 보낸 국서에는 일본의 입조를 요구하되, 그에 불응할 경우에는 무력을 사용할 수 있다는 위협을 함께 담고 있었습니다. 그 때문에 고려는 이러한 국서가 그대로 전달되었을 때 일본이 크게 반발하리라는 사실을 충분히 예상할 수 있었습니다. 또한 원이 일본 정벌을 위해 원정을 떠나면 고려의 군사가 동원되리라는 것은 정황상 너무도 당연한 것이었습니다. 그렇기 때문에 이장용은 몽고의 일본 정벌 정책 자체를 무산시키려고 시도했던 것입니다."

그러나 고려는 상대의 의도는 정확히 읽었지만 이미 마음을 굳힌 원을 설득하는 데는 실패한다. 이제 힘이 없는 고려가 취할 방법은 많지 않았다. 고려는 쿠빌라이의 국서를 일본에 전달할 수밖에 없

는 상황에 몰린다. 고려로서는 자체적으로 새로운 수단을 강구해야
만 했다. 결국 고려는 원나라 황제의 국서 외에 고려 국왕 원종의 명
의로 된 한 장의 편지를 더 준비했다.

> 황제가 귀국과 통교하고자 하는 것은 공물의 이득을 위한 것이 아니
> 라 온 천하가 복종했다는 명성을 높이고자 하는 것이다. 귀국이 통교
> 하면 반드시 이득을 얻을 것이다.

원나라와 일본 양국의 분쟁을 막기 위한 막후 교섭자 역할을 자
처하고 나선 것이다. 그러나 고려의 절박한 상황을 알 리 없는 막부

위·아래. 경남 마산시 자산동에 위치한 몽고정

는 고려의 제안을 거절해버렸다.
결국 고려 사신은 5개월 동안 대기
만 하다가 답서조차 받지 못한 채
귀국하기에 이른다.

협상이 결렬된 후 사태는 예상
했던 방향으로 흘러갔다. 6회에 걸
친 회유에도 일본이 반응을 보이지
않자 원나라는 자신들의 경고를 무
시한 일본에게 본때를 보여주기로
결심한다.

경남 마산시 자산동에 위치한
'몽고정(蒙古井)'이라는 이름의 우
물은 당시의 급박하고 위태했던 정

황과 관련이 있다. 일본이 끝내 입조를 거부하자 원은 마산에서 정벌 준비를 시작했다. 고려 말 회원 현의 옛 성터가 바로 원의 일본 정벌 기지였다. 원은 대규모 병력을 주둔시키기 위한 조처로 먼저 성을 정비하고 일본 정벌의 총지휘본부격인 정동행성(征東行省)을 설치했다. 마산시립박물관 송성안 학예사는 원이 일본 정벌의 기지로 마산을 택한 이유를 상세하게 설명한다.

"합포(合浦, 마산)만은 포구가 굉장히 길고, 입구에는 거제도가 자리 잡고 있습니다. 그래서 웬만한 태풍이 불어도 영향을 거의 받지 않습니다. 군사 상륙, 군수물자 운반 등을 위해 배가 정박할 때 안전성을 보장할 수 있는 천혜의 항구 조건을 모두 갖추고 있는 것입니다. 게다가 마산은 일본과의 직선거리가 무척 가까운 곳이기도 합니다. 그런 조건들을 갖춘 까닭에 마산이 여몽연합군이 일본 정벌을 하러 갈 때 항구 역할을 담당할 곳으로 선택이 된 것입니다."

원나라는 고려에 일본 원정을 위한 배 900척을 건조하게 했다.

전주 변산과 나주 천관산 목재로 1월 16일에 역사를 시작하여 5월 말에 크고 작은 배 900척을 완성하였다.

《고려사》 중에서

누구도 원하지 않았지만 고려는 점차 원나라의 일본 정벌을 위한 침략기지로 변해가고 있었다. 그런데 계획에 차질을 빚게 하는 돌발적인 사건이 발생한다. 1272년 겨울, 고려의 바다에 정체 모를 무장 세력이 출몰한 것이다. 이들은 원나라 배에 불을 지르고 게릴라전

도쿄대학교 사료편찬소

으로 공세를 편 후, 원나라 군을 납치, 살해하는 일까지 저질렀다.

1272년 11월, 전함 20척 방화, 원나라 군 4명 납치

1273년 1월, 전함 32척 방화, 원나라 군 10여 명 살해

《고려사》 중에서

원의 일본 정벌을 방해한 이들은 과연 누구일까? 도쿄대학교 사료편찬소에 그들에 대한 단서가 있다. 〈고려첩장불심조조(高麗牒狀不審條條)〉라는 13세기의 문서가 그것으로 오랫동안 방치되어 있다가 1978년에 다시 발견되었다. 메모 정도의 분량밖에 되지 않는 이 문서

는 일본 조정에서 고려가 일본 조정에 보낸 국서 내용 중에서 의문점들을 정리한 것이다. 이 문서에 따르면 무장 세력의 기습이 빈번하던 그즈음, 도저히 이해할 수 없는 고려의 국서 한 통이 일본에 전해진다. 일본은 이 문서를 보고 크게 당황한다. 원에 복속된 고려 왕조가 보낸 서한임에도 불구하고 원에 대한 강력한 비난이 국서 곳곳에 나타나 있고, 거기다가 원의 연호 또한 쓰지 않고 있었기 때문이다.

더욱 놀라운 사실도 있었다. 이 문서에는 고려가 다시 수도를 이전했다고 적고 있다. 고려가 수도를 옮겼다는 사실도 금시초문이었지만 그 수도가 진도라는 사실은 그들로서는 도무지 이해할 수 없는 일이었다. 그렇다면 진도를 수도로 삼은 뒤 일본과의 외교전에 나선 고려 조정의 정체는 무엇이었을까?

진도 임회면 굴포리에는 700여 년 전 고려의 운명을 바꾸려고 노력했던 인물을 모신 사당이 남아있다. 그의 이름은 바로 배중손이다. 배중손, 그는 바로 대몽항쟁의 기치를 걸고 삼별초를 이끈 장수였다. 1270년, 고려 정부가 항전을 포기하고 원에 항복하자 배중손은 현종의 8대손인 왕족 왕온(王溫)을 내세워 진도에 새로운 정부를 세운다.

그리고 원에 맞서기 위해 일본과 손을 잡으려는 시도를 했다. 일본인들이 〈고려첩장불심조조〉에 기록한 고려의 낯설고 이해하기 어려운 국서는 바로 이때 삼별초가 보낸 것이었다. 삼별초가 전한 것은 수도 이전에 관련된 소식만이 아니었다. 삼

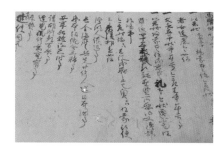

〈고려첩장불심조조〉. 일본 조정에서 고려가 보낸 국서 내용 중 의문점들을 정리한 문서이다.

원나라 군이 삼별초를 소탕하기 위해 대대적인 공격에 나서자 진도 아녀자들이 빠져 죽었다는 급창 둠벙

별초는 일본에 여몽연합군의 일본 정벌 계획을 알린다.

고려 조정에서 일본 정벌을 위해 몽고 기병 수만 명을 청했다.

〈고려첩장불심조조〉 중에서

그러나 일본 조정은 삼별초 정부의 존재조차 몰랐던 상황이었고, 그들이 보낸 국서의 의미 또한 제대로 이해하지 못했다. 결국 교섭은 제대로 이루어지지도 못한 채 무산되었다. 도쿄대학교 대학원 무라이 쇼스케 교수가 당시 막부의 사정을 설명한다.

"삼별초의 제안은 말 그대로 완전히 묵살당했다고 봐도 무방합니다. 먼저 막부로서는 삼별초의 서신에 담긴 내용들을 완전히 이해할 수 없었습니다. 또 당시 국가의 정책을 이끌었던 것이 군사 정권인 막부라는 사실이 결정에 많은 영향을 미쳤습니다. 막부의 생각은 외교 협상보다는 아무래도 군사적인 형태, 즉 원나라 군이 공격해오면 맞서 싸운다는 쪽으로 기울어져 있었기 때문에 경고를 담은 삼별초의 서신에 그다지 신경을 쓰지 않았던 것입니다."

진도로 근거지를 옮긴 이후에도 삼별초는 원의 군사 시설에 대한 공격을 멈추지 않았다. 쿠빌라이 칸은 삼별초 소탕 없이는 일본 정벌 자체가 불가능하다는 사실을 깨닫게 되고, 마침내 진도에 대한 대대적인 공격에 나선다. 그 참혹한 역사의 현장이 바로 급창 둠벙(작은 연못이라는 뜻의 전라도 사투리)이다. 삼별초역사문화연구회 곽의진 이사장은 당시 절박했던 상황을 생생하게 전달해준다.

"진도 사람들은 삼별초의 편에서 싸웠습니다. 그러다가 여몽연합군에게 밀리게 되자 흉흉한 소문이 돌았습니다. 몽고 군에 끌려가면 능욕을 당하거나 죽는다는 소문이었습니다. 아녀자들은 차라리 죽는 길을 택했고, 그들이 빠져 죽은 곳이 바로 급창 둠벙입니다."

여몽연합군이 무서운 기세로 쳐들어오자 진도의 아녀자들은 살아남아 굴욕을 당하기보다는 둠벙에 몸을 던져 명예롭게 죽는 길을 택했다. 결사항전을 택하기는 했지만 어차피 삼별초로서는 이길 수 없는 전쟁이었다.

1271년 5월, 쿠빌라이 칸은 전함 100척에 군사 6,000여 명을 동원해 삼별초에 대한 대대적인 공세를 퍼부었다. 삼별초 중 일부가 살아남아 제주도로 본거지를 옮겨가며 끈질기게 저항했지만 이미 대세는 기운 지 오래였다. 결국 삼별초는 봉기한 지 2년 여 만에 완전히 평정되고 만다.

도쿄대학교 대학원 무라이 쇼스케 교수는 삼별초 정벌이 원나라의 일본 정벌을 지연시키는 결과를 가져왔다고 말한다.

"삼별초의 반란이 없었다면 원은 더 빨리 일본을 공격할 수 있었을 것입니다. 삼별초의 난을 평정하는 데 상당한 노력을 들이느라 원이 일본 침략을 곧바로 실행에 옮길 수 없었던 것이 막부로서는 그나마 다행스러운 일이었습니다."

사사건건 자신을 괴롭히는 눈엣가시였던 삼별초가 사라지자 쿠빌라이는 다시 일본으로 눈을 돌렸다. 그는 대국의 황제라는 권위를 내세워 자진해서 복속할 기회를 주는 것으로 일본에 대한 압박을 시작했다.

황제가 일본과 통호하고자 한다.

《대몽고국황제봉서》 중에서

일본도 최강대국 원나라의 요청을 더 이상 무시할 수만은 없었다. 일본 조정은 황제의 서한에 답하는 화해의 글을 썼다. 그러나 실권을 쥐고 있었던 막부의 반대로 그 답장은 끝내 전해지지 못했다. 원나라와 일본이 화해할 수 있는 기회가 물 건너갔으니 이제 남은 것은 전쟁뿐이었다.

여몽연합군이 몰고 온
충격과 공포

10여 년 전, 일본 서쪽 규슈(九州)의 작은 섬 다카시마(鷹島) 앞바다에서 오래전에 침몰한 것으로 보이는 배의 잔해가 발견됐다. 배의 규모를 추정할 수 있는 유물들도 함께 출토되었다. 다카시마 역사민속자료관 야마시타 히사코는 추와 닻을 통해 배의 크기를 추정해냈다.

"700년 전 만들어진 원나라 배의 일부인 목제 닻이 발견되었습니다. 나무로 된 닻은 물에 뜰 수 있기 때문에 무게를 더하기 위해 돌로 된 추가 2개 더 달려 있었습니다. 추 2개의 무게는 338킬로그램이며, 목제 닻까지 합하면 약 1톤에 달합니다. 추와 닻의 무게를 1톤으로 추정할 때 전함의 길이는 40미터입니다."

그런데 이 배는 원나라가 아니라 일본 원정을 위해 고려에서 제작한 배였다. 1281년 여몽연합군은

다카시마 역사민속자료관에 전시되어 있는 목제 닻

구마모토에 위치한 탑복사

900척의 배에 4만 명의 군사를 나눠 싣고 일본 원정에 나섰다. 해상의 사방 300리(약 120킬로미터)가 거대한 성처럼 보였다고 전해질만큼 엄청난 규모였다. 승리를 확신한 원정대는 무서운 기세로 일본을 압박했다. 대마도와 이키섬을 차례로 정벌하고 규슈 북서쪽에 상륙했다. 일본 역사상 처음으로 이민족이 일본 본토 공격에 돌입하는 순간이었다.

규슈 구마모토의 탑복사(塔福寺)에는 당시 상황을 담은 그림이 있다. 〈몽고습래회사(蒙固襲來繪詞)〉가 그것으로, 일본열도를 충격에 빠뜨렸던 여몽연합군과의 전쟁을 기록한 그림이다. 긴 화살을 쏘며 말을 타고 달리는 병사는 일본 군이다. 이들이 노리는 원나라 병사들은 갑옷을 입고, 목과 턱까지 가리는 투구를 쓰고 있다. 이들 옆에는 원나라와는 조금 다른 복장을 한 군인들이 있다. 투구를 쓰고 양쪽 귀에 털로 만든 귀가리개를 한 병사들인데 이들이 바로 고려 군이다.

규슈의 후쿠오카에 상륙한 여몽연합군은 압도적 전력으로 일본 군을 제압해나갔다. 세계 최강 군사들의 공격에 일본은 그야말로 속수무책이었다. 이 소식은 천황이 거처하던 교토에도 전해졌다. 당시 일본 지배층이 느꼈던 충격과 공포가 얼마나 컸는지를 여실히 알려주는 문서가 있다. 여몽연합군의 무기와 전술은 일본이 그때까지 단한 번도 경험해보지 못한 놀라운 것들이었다. 이와시미즈하치만궁(石清水八幡宮) 신사 니시 나카미치 연구원은 그 놀라움을 '철포'와

여몽연합군과의 전쟁을 기록한 〈몽고습래회사〉

연결 짓는다.

"〈팔번우동훈(八幡愚童訓)〉이라는 문서로 16세기에 기록된 것입니다. 여기서 바로 '철포(鐵砲)'가 등장합니다. '철포를 날려 시간을 번다／그 굉음에 일본의 말들이 놀라 진퇴양난에 빠졌다.' 즉 너무 놀라서 앞으로도 뒤로도 못 갔다고 나옵니다."

철포는 원나라가 개발한 새로운 화약 무기였다. 여몽연합군 함대의 잔해가 발견된 다카시마 앞바다에서는 철포의 실물도 함께 발굴되었다. 철포는 자기로 만든 폭탄의 일종이다. 흙을 구워 만든 원형의 포탄 내부에는 금속 파편과 흑색 화약이 들어 있었다. 규슈 국립박물관 아카시 오시히코 전시과장이 전하는 철포의 위력은 상상 이상이다.

"폭발했을 때 철의 파편이 사방으로 튀어 사람에게 상처를 입히는 것이 바로 철포입니다. 강력한 파괴력을 가진 신무기였습니다."

700여 년 전, 일본열도를 공포로 몰아넣었던 철포의 위력은 어느 정도였을까? 포탄에 산탄을 넣고 뇌관을 연결해 옛 모습 그대로 복원해본 결과는 무척 놀라웠다. 무려 사방 10미터까지 파편이 날아갔다. 사람 가까이에서 터지면 치명적인 부상을 입고도 남을 만큼 대단한 위력이었다. 원나라가 서아시아의 이슬람 세력들을 공격하면서 처음 쓰기 시작한 철포는 당시 일본인들에게는 생소했던 무기로 그야말로 미지의 공포, 그 자체였다.

여몽연합군이 일본을 공격할 때 사용했던 철포. 자기로 만든 폭탄 안에는 금속 파편과 흑색 화약이 들어 있었다.

원구 피난굴

그 화염 때문에 앞을 분간하지 못하였고, 폭발음이 커서 혼비백산 눈이 어지럽고 귀가 울려 망연자실 동과 서를 분간하지 못하였다.

〈팔번우동훈〉 중에서

그러나 일본인들을 극심한 공포에 떨게 만든 것은 신무기만이 아니었다. 여몽연합군이 본토에 상륙하기 전 중간 거점지로 삼기 위해 점령했던 이키섬 산 속에는 '원구 피난굴'이라고 불리는 동굴이 있다. 바로 여몽연합군의 학살을 피해 주민들이 숨어들었던 곳이다. 이키 시립박물관 스도 마사토 관장의 설명은 너무도 잔혹해 차마 믿기지 않을 정도이다.

"기록을 살펴보면 원나라 군은 생포한 여성의 손바닥에 구멍을

무쿠리고쿠리 인형. 여몽연합군의 침략 때 생긴 상처는 이후 무쿠리고쿠리라는 인형으로 영원히 일본 인들의 머릿속에 남겨지게 된다.

뚫어 끈으로 연결했다고 합니다. 그러다가 마지막에는 뱃전에 묶어 익사시켰습니다."

공포가 몰고 온 결과는 끔찍했다. 여몽연합군이 다가오면 일본 사람들은 아예 이성을 잃었다. 울음소리를 듣고 여몽연합군이 올까 봐 자신의 아이까지 죽일 정도였다.

인민들이 처자식을 데리고 깊은 산에 숨었지만 갓난아기의 울음소리 를 듣고 적군이 몰려오니 짧은 목숨을 부지하기 위해 사랑하는 아기 를 울며 죽였다.

〈팔번우동훈〉 중에서

고려와 몽고는 이후 일본에서 '정체를 알 수 없는 공포'와 '잔혹함'을 말할 때면 무조건 반사적으로 떠오르는 대상이 되었다. 도쿄대학교 대학원 무라이 쇼스케 교수는 무쿠리고쿠리라는 단어가 몽고의 침입 후부터 널리 퍼졌다고 말한다.

"사람들은 '한 번도 본 적이 없는 매우 두려운 존재'를 지칭할 때 '무쿠리고쿠리'라는 단어를 쓰기 시작했습니다. 물론 몽고의 침입 후 일어난 현상입니다."

일본의 지배층은 이 강력한 적에 맞설 방법을 알지 못했다. 그렇다고 포기할 수도 없었다. 오직 그들이 할 수 있는 일은 나라를 지켜준다고 믿는 신에게 기도하는 것뿐이었다.

> 일본 전국의 귀천(貴賤)과 상하(上下) 구별할 것 없이 모두 당황해 어쩔 줄 몰라 했다. 천황은 여러 신사와 사찰에 가서 전력을 다해 기도를 올렸다.
>
> 《태평기(太平記)》 중에서

천황은 전국의 신사에 적의 항복을 기원하는 기도를 올리라는 명령을 내린다. 세계 최강대국의 침략을 받은 일본의 운명은 바람 앞의 등불이나 다름없었다. 그런데 그즈음 도저히 믿기지 않는 일이 일어나 일본을 돕는다.

여몽연합군이 상륙했던 다카시마에서 대대로 살고 있는 어부 기타노 오토지로는 1988년 바다에 나갔다가 뜻밖의 물건들을 발견했다. 해삼 잡이 그물에 걸린 묵직한 물건들은 바로 원나라의 도자기였

다카시마 나카가와 전적지. 여몽연합군의 함대가 태풍으로 인해 함몰된 후 살아남은 병사들을 추격해 모두 토벌한 것을 기리기 위해 세운 기념비

다. 이 일대에서 원나라 도자기들이 발견되는 것은 드문 일이 아니다. 그것은 바로 태풍으로 일본으로 향하던 원나라 배들이 침몰했기 때문이었다.

700여 년 전 그날, 패배가 불을 보듯 뻔했던 일본을 살린 것은 갑작스럽게 불어온 태풍이었다. 일본인들은 그것을 '신성한 바람', 즉 '가미카제(神風)'라고 불렀다.

다카시마 앞바다에서 상륙을 기다리던 여몽연합군의 전함은 예상하지 못한 순간에 몰아닥친 태풍에 재난을 당한다. 대부분의 배는 높은 파도에 휩쓸려 부서지거나 전복됐으며, 당황한 함대는 일본 본토에 상륙조차 하지 못하고 그대로 바다에 수장되고 만다. 병사들 일부만이 태풍에서 목숨을 건진 후 본토에 발을 디뎠다. 물론 일본 군은 하늘이 내려준 그 기회를 놓치지 않았다. 일본 군은 상륙한 여몽연합군을 무자비하게 학살했다. 도망가는 원정군을 끝까지 추격해 죽여 없앴다.

> 배가 없어 도주하지 못한 1,000여 명이 목숨을 구걸했지만 모두 붙들어 나카가와 하구에서 목을 쳤다.
>
> 〈팔번우동훈〉 중에서

목숨을 구걸하는 포로의 목에도 칼을 들이댈 정도였으니 그 참혹상은 더 말할 필요가 없었다. 그 이후 일본에게 원나라와 고려는 증오와 멸시의 대상이 되었다. 일본은 두 나라 중에서도 특히 고려를 더 노골적으로 비하했다.

고려 왕은 우리 일본의 개다.

《태평기》 중에서

침략의 주체는 원나라였는데 일본은 왜 고려를 멸시하고 비난했던 것일까? 한림대학교 일본학과 남기학 교수의 설명이 설득력 있게 다가온다.

"몽고의 일본 침략은 일본이 일찍이 경험한 적이 없었던 커다란 대외적 위기였습니다. 국가 존망이 걸린 일본에서 봤을 때 고려가 몽고와 일체화된 적으로 비추어진 것은 너무도 당연합니다. 원나라의 앞잡이 노릇을 했다는 사실까지 더해지면서는 아예 노골적인 멸시의 대상으로 전락해버린 것이지요."

일본은 고려를 원나라와 하나로 인식했을 뿐만 아니라 오히려 원나라보다 더 나쁜 이미지를 고려에 부여했다. 그리고 이때 형성된 공포와 증오는 한반도에 대한 적개심으로 바뀌어 그들의 뼛속 깊이 각인되었다. 결국 증오는 또 다른 증오를 불러오기 마련이다. 일본은 이국정벌(異國征伐)이라는 이름으로 두 차례에 걸쳐 고려를 침공할 계획까지 세우게 된다.

왜구, 공포를 되갚다

도쿄대학교 사료편찬소에는 13세기부터 300여 년 간 동아시아의 골 칫거리였던 이들을 묘사한 그림이 있다. 명나라 화가 구영(仇英)이 그린 〈왜구도권(倭寇圖卷)〉이 바로 그것이다. 이 그림에는 한반도와 중국 곳곳을 노략질하던 왜구들의 모습이 자세하게 묘사되어 있다. 그림 속 왜구들은 최소한의 의복조차 갖추지 않은 채 가는 곳마다 약탈을 일삼는 야만인으로 그려져 당시 명나라가 왜구들로 인해 겪은 고통을 짐작할 수 있게 해준다.

위·아래. 명나라 화가 구영이 그린 〈왜구도권〉에는 왜구가 최소한의 의복조차 갖추지 않은 야만인으로 그려져 있다.

여몽연합군이 일본 정벌에 실패한 이후 한반도 연안에는 마치 전염병이 창궐하기라도 한 것처럼 왜구들이 들끓기 시작했다. 그들은

좌. 여몽연합군의 2차 일본 정벌 실패 이후 한반도 연안에는 왜구들이 들끓었다.
우. 한 일본 귀족의 일기인 《후우매기》. 일기 속에는 당시 왜구의 횡포에 고려가 얼마나 지쳐 있었는지를 말해주는 내용이 기록되어 있다.

배를 댈 수 있는 곳이면 어디든지 찾아가 노략질을 했다. 강화는 물론 개경에 가까운 예성강 입구에도 출몰하는 등 점차 대담해지는 경향까지 보였다. 왜구의 횡포에 지친 고려에서는 일본에 정몽주 등의 사신을 보내 왜구를 단속할 것을 요청한다. 당시 상황이 어느 일본 귀족의 일기에 기록되어 있다.

> 우리나라 사람이 고려에 가서 도적, 방화를 하고 인민을 노략질하고 있으니 제지해야 한다는 내용이다. 그런데 당시 우리나라(일본)의 모양새는 규슈 모든 곳이 관리 하에 있는 게 아니어서 금압(禁壓)할 수가 없다.
>
> 《후우매기(後愚昧記)》 중에서

도쿄대학교 사료편찬소 스다 마키코 박사가 당시 일본의 정치 상황을 설명한다.

고려는 해상 교통의 요지이자, 왜구의 침략 경로이기도 한 진포에 장암진성을 쌓았다.

"당시 정부는 아직 규슈의 모든 땅을 지배하지 못한 상태였습니다. 그런 상황이었던 만큼 교토 정권의 힘으로는 왜구 활동을 제지하고 싶어도 그럴 수가 없었습니다. 일기 속에는 그러한 일본의 현실적인 인식이 그대로 드러나 있는 것입니다."

당시 일본은 남북조시대로 2명의 천황이 남북으로 갈려 싸우고 있던 내란의 시기였다. 정치적으로 혼란스웠던 시기인 만큼 교토 정부의 지배력은 왜구의 본거지였던 규슈까지 미치지 못했다. 일본 측의 사정을 확인한 고려는 할 수 없이 자구책을 세워야만 했다.

금강 하구에 위치한 옛 진포(鎭浦)에는 고려가 고심한 흔적이 있다. 바다와 강이 만나는 진포는 해상 교통의 요지이자 왜구의 침략

경로이기도 했다. 고려는 진포 장암진(長巖鎭)에 성을 쌓았다. 640미터에 이르는 돌로 쌓은 축대가 인상적이다. 장암진성은 그야말로 왜구의 침략을 막기 위한 고심 끝에 나온 방어책이었다. 한국방송통신대학교 일본학과 이영 교수에 따르면 장암진의 성은 왜구 방어에 있어 최적의 장소였다.

"고려 말에 왜구의 침구(侵寇)에 대비해서 바닷가에 축성한 최초의 성입니다. 금강 하구가 보일 뿐만 아니라 해발 98미터의 화강암 바위산인 전망산에 오르면 남쪽에서 북상해 올라오는 왜구의 선단을 한눈에 볼 수 있는 장점을 갖춘 곳이죠."

고려는 전국 곳곳 수운(水運) 교통의 요지마다 요새를 쌓았다. 그러나 사방팔방에서 출몰하는 왜구를 근절시키기에는 역부족이었다. 1380년, 왜구는 급기야 500척의 배를 이끌고, 그들의 고려 침략 역사상 최대 규모의 공격을 단행했다.

> 왜적이 각 주(州), 군(郡)으로 흩어져 들어가서 마음대로 불사르고 노략질하니 시체가 산과 들을 덮고 곡식을 그 배에 운반하느라고 땅에 쏟아진 쌀이 한 자나 되었다.
>
> 《고려사》 중에서

고려 사람들의 눈에 왜구는 사람이 아닌 미친개와 흡사했다. 국가 존망의 위기에 몰린 고려는 서둘러 왜구 진압군을 편성했다. 함선에 화포(火砲)를 장착한 최무선의 군대가 왜구를 막기 위해 급파되었다.

최무선 등이 진포에 이르러 처음으로 만든 화포를 써서 그 배를 불태
우니 연기와 화염이 하늘에 넘쳐 적이 거의 다 타죽었고 바다에 빠져
죽은 자 또한 많았다.

《고려사》 중에서

이 전투가 바로 세계 최초의 함포(艦砲) 해전인 진포대첩(鎭浦大
捷)이다. 원나라의 화약기술자 이원(李元)을 통해 염초 제조술을 습득
한 최무선은 각종 화포를 총동원해 왜구의 배 500척을 모두 불살랐
다. 그러나 내륙으로 패퇴하던 왜구는 퇴각하면서도 끔찍한 만행을
멈추지 않았다. 그들은 마주치는 고려 백성을 닥치는 대로 죽이고,
가져갈 수 있는 모든 것을 가져갔다.

적이 포로로 잡은 자녀를 모조리 죽여 시체가 산 같다. 지나는 곳마다
피의 물결이었다.

《고려사》 중에서

그때의 슬픈 사연들이 아직도 전설로 남아 인구에 회자되고 있
다. 한국방송통신대학교 일본학과 이영 교수가 전하는 열부(烈婦) 배
씨의 이야기가 그중에서도 대표적이다.

"성주를 흐르고 있는 낙동강은 당시 소야강으로 불렸습니다. 정
조를 지키기 위해서 왜구를 피해 강에 들어가 있다가 왜구의 화살을
맞고 사망한 열부 배씨의 이야기가 지금까지 전해집니다."

배씨는 아이를 업은 채 왜구에 쫓기고 있었다. 낙동강 변에 이르

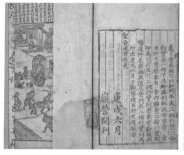

좌. 《삼강행실도》
우. 죽음으로 왜구에 맞선 조선 여인들의 이야기들이 《삼강행실도》에 생생하게 기록되어 있다.

러 더 이상 도망칠 수 없게 되자 배씨는 아이를 강가에 두고 홀로 물에 뛰어들었다. 왜구는 배씨를 회유한다. "네가 나오면 죽음을 면할 수 있다." 하지만 배씨는 결연한 의지를 보여주는 답변을 한다.

> 나는 선비의 딸이다. 일찍이 열녀(烈女)는 두 지아비를 섬기지 않는다는 말을 들었다. 죽을지언정 네 놈에게 욕을 당할 수는 없다.
>
> 《삼강행실도》 중에서

왜구는 아이를 먼저 쏘고 다시 여인을 협박했다. 하지만 배씨는 끝내 굴복하지 않고 죽임을 당하고 만다. 죽음으로 왜구에 맞선 또 다른 여인들의 이야기들이 《삼강행실도(三綱行實圖)》에 생생하게 기록되어 있다. 부녀자들은 겁탈하려는 왜구에게 저항하다 팔다리가 잘려 살해되기도 했다. 왜구들의 만행은 때와 장소를 가리지 않았다. 심지어 젖먹이 앞에서 어미를 살해해 갓난아이가 죽은 어미의 빈 젖을 빨다 사망하기도 했다. 왜구의 잔혹함은 상상을 초월했다. 변안열이라는 고려 장수는 왜구의 진영에 들어갔다 믿기 힘든 광경을 목격한다.

> 왜적은 두세 살 정도의 여자아이를 납치한 후 머리털을 깎고 배를 가른 후 물에 깨끗이 씻어서 쌀, 술과 함께 제단에 올려놓고 하늘에 제사를 지냈다. 좌우 편으로 서서 풍악을 울리고 절을 하였다.
>
> 《고려사》 변안열전 중에서

왜구들은 끔찍하게 납치한 아이를 제물로 이용하고 있었다.

> 제사가 끝난 후에 그 쌀을 두 손으로 움켜쥐어 나누어 먹고 술을 석 잔씩 마신 다음 그 여자 아이의 시체를 불에 태우는데…….
>
> 《고려사》 변안열전 중에서

그것은 인간으로써는 차마 상상할 수도 없는 일이었다. 한국방송통신대학교 일본학과 이영 교수는 당시 왜구들에게 살상은 오랜 전쟁으로 인해 습관처럼 일상화되어 있었다고 설명한다.

"약 60년 동안 전란을 겪다보니 살상(殺傷), 사람을 죽이는 것이 그들에게는 습관이 되었고, 일상적인 일이었습니다. 특히 무사들 같은 경우는 인간의 생명을 경시했기 때문에 전투원이든 비전투원이든 간에 살상은 보편적으로 이루어지던 행위였습니다."

왜구의 잦은 약탈로 고려 백성들의 생활은 점차 피폐해져갔다.

고려 말의 지식인 권근은 자신이 직접 본 참상을 시로 기록했다.

가련하다 지아비 목숨 잃으니
아낙은 하늘에 부르짖을 뿐.
피눈물은 두 소매에 함초롬 젖고,
슬픈 소리는 구천을 뚫고 드누나.

《양촌집》 중에서

그는 시에서 왜구를 '왜노(倭奴)', 즉 '왜놈'이라고 욕했다. 한림 대학교 일본학과 남기학 교수는 이 시에 대해서 이렇게 설명한다.

"권근은 일본을 '동쪽 바다 위에 구차하게 살고 있는 간사하고 완악한 왜놈들의 집단'이라고 묘사하고 있습니다. 또한 '일본은 덕화(德化)를 입지 못하고 간흉을 부리는 오랑캐의 나라'라는 인식이 곳곳에 보이기도 합니다. 조선시대가 되어서도 일본 하면 자동적으로 '왜구의 소굴', 혹은 '섬나라 오랑캐'를 떠올리게 됩니다. 이는 고려 말에 굳어진 일본관을 그대로 이어받은 결과이죠."

왜구는 점점 활동 범위를 넓혀갔다. 당시 왜구의 소굴이 있던 대마도

위. 오사키 해안가의 미즈사키 유적지에서 발굴된 베트남 자기
아래. 중국 남송의 화폐인 경원통보도 미즈사키 유적지에서 발굴되었다.

오사키 해안의 미즈사키 유적지에서는 왜구들이 노략질한 물건들을 보관했던 창고 터가 발견되었다. 중국의 물건이 대부분이었지만 놀랍게도 베트남은 물론 태국산 자기도 출토되었다. 그들의 활동 영역이 생각보다 훨씬 넓었음을 시사하는 증거이다. 향토사학자 나가토메 히사에는 왜구가 동남아시아까지 진출했다고 설명한다.

"14세기의 왜구는 한반도나 중국의 산둥(山東)반도 정도까지 진출한 것이 고작이었습니다. 그러던 것이 15~16세기가 되면 동남아시아까지 진출합니다."

중국 남송의 화폐인 경원통보도 유물들 속에서 발견되었다. 중국은 조선과 함께 왜구의 피해를 가장 크게 입었던 나라였다. 왜구는 중국은 물론 동남아시아 지역까지 전방위로 활동 영역을 넓혀갔다.

왜구는 결코 쉬운 상대가 아니었다. 배를 타고 빠르게 다가온 후 해안에 기습적으로 상륙해 곡식과 물자를 무차별적으로 약탈해가는 것이 왜구의 기본 전략이었다. 배를 근접시켜 일대일로 싸우는 단병접전과 게릴라전법에 워낙 능해 어느 나라도 손쉽

위. 15, 16세기 왜구는 동남아시아 전역까지 진출하는 등 전방위로 활동 영역을 넓혀갔다.
아래. 명나라 제3대 황제 영락제는 왜구를 완전히 토벌할 것을 천명한다.

게 왜구를 제압할 수 없었다.

중국은 피해 규모가 너무 커서 더 이상 왜구를 두고 볼 수 없는 상황에 이르렀다. 당시 중국은 원나라가 패망하고, 명나라가 새로 출범한 상태였다. 민생의 안정 없이는 명나라의 안정도 없었다. 명나라의 제3대 황제 영락제는 병선 1만 척을 동원해 왜구를 완전히 토벌할 것임을 내외에 천명한다.

짐(朕)이 병선 1만 척을 발하여 토벌하고자 한다.

《명종실록(명종13년)》 중에서

조선의 대마도 정벌과
파비각의 비극

역사는 반복되기 마련이다. 명나라의 왜구 토벌 천명은 조선의 입장
에서 보면 왜구 토벌에 대비하라는 암시이자, 은근한 압박이기도 했
다. 태종은 깊은 고민에 빠졌다. 그는 150여 년 전, 원나라의 일본 정
벌에 고려가 동원되었던 사태가 반복될까봐 두려워하고 있었다.

> 황제가 어찌 실없는 말을 하였겠는가? 만약 병선(兵船)이 일본으로
> 향한다면 우리나라에서도 경비(警備)함이 마땅하니, 모두들 잘 생각
> 하도록 하라.
>
> 《태종실록(태종13년)》 중에서

원하지 않는 전쟁에 휘말리지 않기 위해서 조선은 명나라에 앞
서 선수를 칠 필요가 있었다. 고심 끝에 태종이 내린 결정은 대마도
의 왜구를 소탕하는 작전을 시행하는 것이었다.

《세종실록(세종1년)》 중에서

1419년 1만 7,000여 명에 이르는 왜구 정벌군은 이종무의 지휘 아래 230여 척의 배를 타고 대마도 오사키항으로 진격했다. 대마도 문화재보호심의위원 사이토 히로유키는 조선 군이 대마도에 상륙하던 순간을 이렇게 설명한다.

"1419년 6월 19일, 거제도를 출발한 이종무의 수군은 다음 날인 20일에 쓰치우라(豆知浦)를 공격했습니다. 왜구들은 마침 동중국해에 나가 있어서 남아있는 이들이라고는 여자들과 아이들, 그리고 섬을 지키는 소수의 부대뿐이었습니다. 이종무의 수군이 공격해오는 것을 본 여자들은 남자들이 돌아왔다고 착각하여 술과 요리를 준비하여 바닷가로 일제히 뛰어갔습니다. 그러나 기쁨에 찬 그들이 맞닥뜨린 것은 이종무의 수군이었습니다."

1419년 6월, 오사키항에는 화염과 비명이 가득했다. 상륙한 조선 군은 가옥 2,000채와 배 130여 척을 소각하고, 왜구 114명을 참수했다. 그리고 포로로 붙잡혀 있던 조선인 21명과 중국인 131명을 구출하는 전과를

노송당 송희경의 묘. 송희경은 당시 일본 조정을 안심시키고 내부 정세를 파악하기 위해 일본에 파견되었다.

낸다. 한마디로 조선 군의 완벽한 승리였다.

조선의 전격적인 대마도 정벌 소식이 전해지자 교토 조정은 크게 분노했다. 일본이 사신까지 보내 자국 영토 정복에 대해 항의하자, 조선은 그들의 마음을 달래기 위해 이듬해인 1420년(세종2년) 회례사(回禮使, 외국에서 사신을 보냈을 때 그 답례로 보내던 사신)를 파견한다. 그가 바로 노송당 송희경이다. 송희경의 임무는 일본 조정을 안심시키고 그들의 내부 정세를 파악하는 것이었다. 그는 일본에서 보고 들은 것을 상세하게 기록해 《노송당일본행록가장(老松堂日本行錄家藏)》이라는 책을 썼다. 양국 간의 해로와 포구, 당시 일본의 상황 등이 기록되어 있어 사료적 가치가 무척 높은 책이다. 일본에 도착한 송희경은 교토에 도착할 때까지 일본 구석구석을 돌며 정세를 파악했다.

우리 조정에서 대마도를 정토한 다음 해이므로 왜인들은 조선의 병선이 반드시 다시 올 것이라고 하여 저희 나름대로 소동을 일으켜 수비와 방어를 오히려 풀지 않고 있었다.

《노송당일본행록가장》 중에서

그런데 교토에 도착한 송희경은 일본 관리들에게 황당한 이야기를 듣게 된다. 그들은 대마도 정벌 당시 명나라가 참전한 것으로 알고 있었던 것이다.

(중국) 강남(江南) 병선 1,000척이 (참전했다).

《만제회후일기(滿濟准后日記)》

일본은 여몽연합군 때와 마찬가지로 조선이 명나라와 연합해 일본을 정벌하려 한다고 믿고 있었다. 심지어 중국 배 2만 척이 상륙했다는 허황된 소문까지 사실처럼 떠돌았다. 한림대학교 일본학과 남기학 교수는 이를 '무쿠리고쿠리'의 공포와 연결 짓는다.

"몽고와 고려, 즉 '무쿠리고쿠리에 대한 강한 공포의 기억 때문입니다. 여몽연합군의 일본 정벌이 일어난 지 130년 이상 지난 시점인데도 일본인들의 마음속에는 그 공포가 지워지지 않고 그대로 각인되어 있었던 것입니다."

당황한 송희경은 일본인들에게 사실이 아님을 설명하며 그들을 진정시켰다.

명나라와 마음을 같이 하여 군사를 일으킨 적은 없습니다. 이같이 신뢰할 수 없는 황당한 말을 어찌 취할 가치가 있겠습니까?

《노송당일본행록가장》 중에서

일본인을 이해시키려고 노력했지만 송희경로서는 참으로 터무니없는 상황이 아닐 수 없었다. 그는 자신의 책 속에서 아예 일본을 노골적으로 비웃었다.

이 섬은 우리나라가 땅을 얻어도 살 수가 없고, 백성을 얻을지라도 쓸데가 없다.

《노송당일본행록가장》 중에서

조선 지식인이 일본을 어떻게 보았는지가 명확하게 드러나는 문구이다. 조선의 지식인에게 있어 당시의 일본은 거저 준다 해도 갖고 싶지 않은 척박하고 미개한 땅에 지나지 않았다. 메마른 땅의 완악한 백성이라는 표현대로 일본인은 조선인에게는 그저 한낱 '왜놈' 일뿐 이었다.

조선을 건국한 태조 이성계 또한 왜구와의 인연을 갖고 있다. 이 성계는 황산벌에서 왜구를 대파하고 조선 건국의 밑거름을 다진 바 있다. 황산대첩(荒山大捷)에서 이성계는 초반에 고전했지만 결국 대 승을 거둔다. 최영의 홍산대첩(鴻山大捷)과 함께 역사에 길이 이름을 남길 만한 승리였다. 그런데 그가 세운 조선은 훗날 임진왜란으로 극 심한 고초를 겪게 된다. 그 때문에 후대 임금들의 일본에 대한 증오 는 이루 말할 수 없을 정도로 컸다.

조선의 통치자들은 파렴치하고 무자비한 왜에 대한 기억을 잊지 않으려고 애썼다. 그 기억은 구체적인 형상으로 표현되기도 했다. 그 중 하나가 선조 때 이성계의 황산대첩을 기려 세운 비석으로 지금은 '파비각(破碑閣)'에 보관되어 있다. 비각의 이름이 '부서진 비석 조 각'이라는 것으로 알 수 있듯이 현재 황산대첩비는 형체를 알아보기 힘들 만큼 파괴되어 있다. 파괴자들은 이 비석을 폭약으로 동강 내고 비문을 정으로 쪼아 훼손했다.

조선 건국자의 전승 기념물을 이토록 처참하게 짓밟은 건 바로 일제(일본 제국주의의 줄임말)였다. 한국방송통신대학교 일본학과 이영 교수가 파비각에 얽힌 증오의 역사에 대해 설명해준다.

"1945년 1월 17일, 일본의 제국주의가 막바지로 치닫고 있던 그 무렵에 일제는 조선 민중들의 반일 감정을 억누르기 위해서 전승비

위. 선조 때 이성계의 황산대첩을 기려 세운 비석이 있는 파비각
아래. 일제에 의해 폭약으로 동강 나고, 비문까지 정으로 쪼아 훼손된 비석

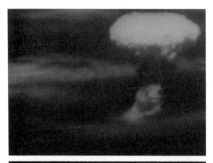

위. 제2차 세계대전 당시 히로시마에 떨어진 원자폭탄
아래. 일본 작가 이부세 마스지가 전쟁의 참화를 소재
로 쓴 소설 《검은 비》

인 황산대첩비를 폭파하고 땅에 파묻습니다. 해방되자 우리는 그것을 다시 복구한 후 파비각을 세워 보관한 것입니다. 파비각은 그런 의미에서 수백 년 간 지속된 우리나라와 일본의 증오의 감정이 극단적으로 표출된 역사적인 장소라고 할 수 있겠습니다."

그렇게 수백 년에 걸친 공포와 증오 속에서 두 나라 사이에는 '연대'가 사라지고 '적대' 의식만이 더 강하게 자리 잡았다. 그 적대 의식은 20세기까지 이어졌다. 제2차 세계대전 말, 일본은 패전의 위기 속에서 마지막 카드를 꺼내든다. 바로 '가미카제'라는 이름의 자살특공대였다. 650여 년 전, 여몽연합군을 물리쳤던 '신의 바람'이 위기에 처한 일본열도에 다시 불기를 기원한 것이다. 그러나 신의 바람은 일본을 두 번 돕지 않았다.

1945년 8월, 히로시마 상공에 인류 역사상 최초로 원자폭탄이 떨어졌다. 세상 모든 생명을 삼켜버리는 거대한 구름, 그것은 인류가 이제껏 단 한 번도 경험해보지 못한 '미지의 공포'였다. 히로시마에서 태어난 작가 이부세 마스지는 전쟁의 참화를 담은 《검은 비(黒い雨)》라는 작품을 통해 자신이 받았던 충격을 '무쿠리고쿠리'라고 표현했다.

버글버글 끓어오르는 물처럼, 속에서 자꾸만 솟아나오며 미친 듯이
사납게 지금이라도 덤벼들 것 같은 기세이다. '무쿠리고쿠리 구름'이
란 적절한 표현이었다. 마치 지옥에서 온 사자가 아닌가.

《검은 비》 중에서

　700여 년 전, 신무기를 앞세우고 국경을 넘었던 여몽연합군의
존재가 오랜 세월이 지났음에도 불구하고 일본인들에게 여전히 충격
적인 '미지의 공포'로 각인되어 있음을 알 수 있는 증거이다.
　한국과 일본, 그 어느 쪽도 원하지 않았지만 결국은 휘말릴 수밖
에 없었던 전쟁들을 통해 두 나라는 '공포'라는 상처를 차례로 주고
받았다. 그리고 그 상처를 이겨내기 위한 수단으로 양국은 화해가 아
닌 서로를 증오하는 방법을 택했다. 서로를 '무쿠리고쿠리'와 '왜
놈'이라고 부르는 한국과 일본. 그 공포와 멸시 속에 가장 가까운 이
웃이었던 두 나라는 어느새 반드시 물리쳐야만 하는 '적'이 되었다.

가미카제_____1281년 5월, 여몽연합군은 900척의 전함을 이끌고 일본 정벌에 나섰다. 몽고인과 고려인은 물론 여진과 한인까지 동원된 4만 명 이상의 병력이었다. 벌써 두 번째 원정이었다.

1차 원정은 7년 전인 1274년에 이루어졌다. 공격은 순조로워 신무기와 새로운 전투 전법으로 무장한 여몽연합군을 일본은 당해내지 못했다. 그러나 여몽연합군은 더 이상 공격하지 않았다. 1차 원정의 목표는 일본과 남송의 고리를 끊기 위함이었기 때문이다. 소기의 목적이 달성되었다고 판단한 쿠빌라이는 군대를 거둬들였다.

1279년, 남송이 멸망하자 사정은 달라졌다. 1281년에 파견된 여몽연합군은 본격적인 일본 정벌을 위한 군대였다. 1차 원정 당시 여몽연합군의 위력을 실감했던 일본은 공격에 맞서 성벽을 쌓고, 병사들을 모으는 등 철저하게 준비했다. 그러나 여몽연합군의 뛰어난 공격력에 맞서기에는 턱없이 부족했다.

위. 가미카제 특공대 당시 모습
아래. 가미카제의 위대함을 대대적으로 보도한 당시 일본 신문기사

일본의 지도층은 기적을 갈구했다. 가메야마 상황(龜山上皇)은 이세(伊勢)신궁에서 자신의 목숨을 바쳐 국난을 막고 싶다는 기도를 끝없이 올렸다. 당시 실권자였던 싯켄(執權, 가마쿠라 막부에서 쇼군을

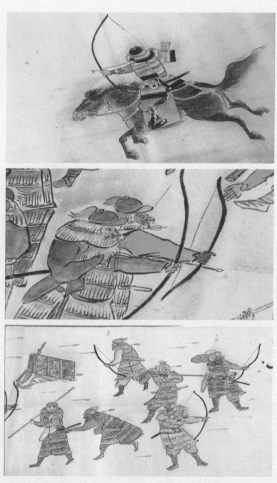

긴 화살을 쏘며 말을 타고 달리는 일본 군과 갑옷과 투구를 쓴 원나라 군,
귀가리개를 한 고려 군의 모습이 〈몽고습래회사〉에 잘 표현되어 있다.

대신하여 실제 정치를 총괄하던 직책) 호죠 도키무네는 자신의 피로 불경(佛經)을 쓰고 또 썼다.

이때 정말로 기적이 일어났다. 태풍이 불어온 것이다. 예상하지 못한 태풍의 등장에 여몽연합군은 당황했다. 태풍에서 벗어나려는 시도는 실패로 돌아갔다. 대부분의 병사들은 수장되었으며, 살아남은 병사들도 일본 군의 추격에서 벗어나지 못했다.

이때 불어온 태풍을 부르는 이름이 바로 가미카제, 즉 신풍이다. 신의 도움으로 불어온 바람이라는 뜻이다. 그러나 가미카제는 결코 신의 도움으로 불어온 바람이 아니었다. 문제는 여몽연합군이 지원 병력을 기다리느라 시간을 지체한 데에 있었다. 입춘(立春) 후 210일쯤 지나면 규슈 일대에는 태풍이 몰려오는 경우가 많았다. 여몽연합군의 지체와 태풍이 불어오는 시기가 운 좋게도 딱 맞아떨어진 것이었다.

〈몽고습래회사〉에는 두 차례에 걸친 여몽연합군과 일본 군의 전투가 세세하게 묘사되어 있다. 그러나 가마쿠라 막부의 무사 다케자키 스에나가가 제작한 것이니만큼 사실과는 약간의 거리가 있다. 그래도 때맞추어 기적적으로 불어온 태풍 때문에 〈몽고습래회사〉는 다케자키 스에나가 같은 영웅들의 화려한 승전보를 보여주는 그림이 되었다.

전쟁을 기념하는 것은 그 정도로 끝냈어도 좋았을 것이다. 그러나 일본은 멈추지 않았다. 계절풍에 불과한 태풍을 가미카제라고 부르며 신이 자신들과 함께한다는 의미로 받아들였다. 일본인들의 마음속 깊이 신앙으로 자리하고 있던 그 무모한 사상이 다시 모습을 드러낸 것은 제2차 세계대전 말이었다. 연합군의 잇따른 공세로 전황 (戰況)이 불리해지자 일본은 비행 특공대를 편성하고 거기에 자신들이 사랑하는 가미카제라는 이름을 붙인다.

가미카제 특공대의 작전은 단순하고 무모했다. 폭탄을 장착한 비행기를 몰고 가 연합군 함대에 부딪치는 것이었다. 연합군은 350 척 가량의 전함을 잃는 등 적지 않은 피해를 보았다. 하지만 이미 기울어진 전황을 바꿀 정도는 아니었다. 일본은 오키나와를 방어하기 위해 1,000명가량의 가미카제 특공대를 투입했지만 처참한 패배를 면치 못했다. 여몽연합군을 몰살시켰던 가미카제는 자연의 흐름이었을 뿐 결코 신의 선물이 아니었기 때문이다. 가미카제 특공대로 인해 가미카제에는 새로운 뜻이 덧붙여졌다.

'자신이 죽으리라는 사실을 알면서도 무모하게 공격하는 행위. 신은 헛되이 자신의 이름을 부르는 이들에게 함께하지 않는다.'

3 장

／

공존 (共存)

평화의 법칙

"

대화를 두려워해선
안 되지만 두려워서 대화를
해서는 안 된다.

전 미국 대통령 존 F. 케네디

"

조 선왕조 임금들의 위패를 모신 종묘 정전 가까이에는 공신당(功臣堂)이 있다. 임금과 나라를 위해 큰 공을 세운 이들의 위패를 모신 곳이다. 성종의 일등 공신인 신숙주의 위패 또한 공신당에 안치되어 있다. 문충공 신숙주, 그는 성종이 가장 아끼던 신하였다. 그런 그는 죽기 직전 다음과 같은 유언을 남긴다.

원컨대 국가에서 일본과 화친을 끊지 마소서.

《연려실기술(練藜室記述)》 중에서

신숙주는 1475년 마지막 눈을 감는 순간까지 절대로 일본과 화친을 끊지 말 것을 청하고 또 청했다. 적대의 나라 일본과의 평화를 강조했던 신숙주, 그는 왜 전례 없는 특이한 유언을 남긴 것일까?

조선 조정,
왜구에게 벼슬을 내리다

예로부터 한반도의 영향을 많이 받았던 대마도의 오사키 지역에서 대를 이어 살고 있는 가문 중 하나가 바로 소다(早田)이다. 집안에 대대로 이어져 내려오는 유물이 있으니 그것은 바로 500여 년 전을 살았던 선조가 썼던 갑옷과 투구이다. 갑옷과 투구가 의미하는 바는 명확하다. 소다씨의 선조는 대마도의 왜구였다. 후손인 소다 가즈후미는 자신들의 선조를 단순한 해적으로 보는 견해는 잘못된 것이라고 일갈한다.

"농담이라고는 하지만 아무래도 '해적'이라는 말을 들으면 기분이 좋지 않습니다. 물론 왜구가 해적이었던 적도 있습니다. 하지만 그들은 '수군(水軍)'이나 '무역상(貿易商)'의 역할도 했습니다."

오사키 지역의 세력가였던 소다 가문은 왜구 중에서도 우두머리였다.

일본 대마도

대마도 역사민속자료관에는 소다 집안에 대대로 전해 내려오는 더욱 놀라운 자료가 있다. 교지(敎旨), 그러니까 조선의 왕이 내린 임명장이다. 교지의 내용은 더 충격적이다. 소다씨에게 '선략장군(宣略將軍)'이라는 종4품 무관직을 준다는 것이다. 적이라고 할

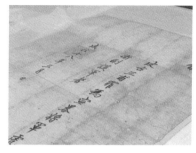

조선 조정에서 소다씨에게 내린 교지

수 있는 왜구에게 어떻게 조선은 종4품에 해당하는 고위관직을 줄 수 있었던 것일까?

당시 왜구는 단순한 골칫거리 이상이었다. 그들은 한반도와 중국 연안을 넘나들며 무자비한 약탈을 벌였다. 고려 말부터 조선 초까지 왜구는 무려 500여 차례나 한반도를 침략했다. 바닷가 근처의 마을을 습격해 식량을 빼앗는 것은 보통이었고, 심지어 사람들을 납치해 노예로 팔아넘기기도 했다. 한반도와 가까운 대마도는 왜구의 본거지였다. 대마도 문화재보호심의위원회 사이토 히로유키 위원은 왜구의 극악무도함이 훗날 조선의 공격을 불러왔다고 고백한다.

"왜구들은 한반도를 침입하여 약탈을 일삼고, 방화와 살인을 하는 등 도를 넘어서는 잔인한 일들을 저지릅니다. 이에 분노한 조선은 이종무를 앞세워 227척의 병선과 1만 7,000여 명의 군사를 보내 대마도를 공격했습니다."

세종 원년, 대마도 오사키 지역의 왜구들이 또다시 조선을 침략하자 조선은 더 이상 방치해서는 안 되겠다는 판단에 대규모 병력을 보내 대마도를 공격했다. 조선의 매서운 공격 앞에 왜구는 두 손을

들었다. 대마도 왜구였던 소다 가문도 당연히 조선에 굴복했다. 조선은 항복한 왜구에게 조선의 관직을 주었다. 소다씨도 조선의 관리로 임명되었다. 그러니까 관직은 조선에 복속한 왜구에게 주는 보상이었던 것이다. 전북대학교 사학과 한문종 교수는 조선이 관직 제수를 내린 것은 조선의 전략이었다고 설명한다.

"이는 소다 가문이 왜구에서 평화적인 통교자로 전환을 하는 계기가 됩니다. 조선은 소다씨가 조선의 연안을 침입하지 못하도록 하기 위한 의도로 조선의 관직을 제수합니다. 그리고 그들에게 조선과 교역할 수 있는 길을 열어줬습니다."

조선은 무력으로 왜구를 제압한 후에도 관직 제수 정책을 통해 지속적으로 왜구를 관리했다. 세종 이후로도 그 정책은 변함없이 계속되었다. 국사편찬위원회에 그와 관련된 문서들이 있다.

일본인 '평송차(平松次)'에게 '승의부위호분위사맹(承義副尉唬賁衛司猛)'이라고 하는 관직을 제수하고 있는가 하면, 선조2년 1569년 8월에는 또 다른 일본인 '신시라(信時羅)'에게도 관직을 제수했다.

관직은 무력에 익숙한 왜구를 평화적으로 다스리려는 조선의 회유책이었다. 일단 힘으로 그들을 복종시킨 후 벼슬을 주어 조선과 통교할 수 있도록 함으로써 추후 있을지도 모를 도발을 원천적으로 봉쇄하는 정책이었다. 광주여자대학교 평생교육원 정성일 교수는 조선이 왜구 약탈 종식을 위해 강온 전략을 함께 구사했다고 설명한다.

"조선의 대일 외교에 있어 가장 중요한 목표는 왜구 근절이었습니다. 그 방법으로 조선은 '강(强)'과 '온(溫)' 두 가지 정책을 동시에 사용했습니다. 무력으로 침탈하는 왜구들에 대해서는 먼저 군사적으로 강하게 응징합니다. 그런 뒤 조선의 정책에 순응하면서 평화적인 통교자로 전환할 수 있는 가능성을 보이는 왜구들에게는 관직 제수 및 통상 보장 등 여러 가지 경제적인 혜택을 주었습니다."

군사적인 응징과 경제적인 보상이라는 양면 정책을 가지고 조선은 대마도의 왜구를 다스렸다. 그러나 모든 왜구가 조선의 정책에 복종한 것은 아니었다. 일본 중앙 정부의 통제력이 미치지 못하는 곳에 자리한 지방 세력들은 여전히 조선을 침략했다.

근년 이래로 대마도 등 삼도(三島)의 완악한 백성들이 흉도(兇徒)를 불러 모아 우리 강토를 침노하여 어지럽히고 노략하였다.

〈정종실록(정종1년)〉 중에서

일본 야마구치에 위치한 모리(毛利)박물관에는 조선의 왜구 정책을 보여주는 또 다른 흔적이 남아있다. 당시 일본은 여러 지방 세력들이 힘을 겨루고 있는 상황이었다. 조선이 왜구를 통제하기 위해서는 무엇보다도 이들 지방 호족들의 협조가 필요했다. 왜구를 약탈자에서 통교자로 전환시키는 가장 좋은 방법은 무역이었다. 이와 관련해 등장하는 것이 바로 통신부(通信符)이다. 통신부는 조선에서 발급한 일종의 무역허가 도장이다. 모리박물관 시바하라 나오키 학예

통신부. 조선에서 발급한 일종의 무역허가 도장으로 현재 일본 모리박물관에 소장되어 있다.

원이 오우치(大內) 가문이 받았던 통신부의 의의를 설명한다.

"일본의 오우치라는 다이묘가 조선국과 통신을 할 때 이용한 인감 정면에 통신부라고 새겨져 있습니다. 반으로 잘린 것 중 오른쪽 부분이기 때문에 남은 왼쪽 부분은 조선 측에서 보관했을 것입니다. 측면에는 '조선이 오우치에게 경태(景泰)4년(1453년) 7월에 보냈다'고 쓰여 있습니다."

조선으로부터 통신부를 받은 다이묘 오우치는 누구일까? 일본의 서쪽 관문에 해당하는 야마구치(山口)는 당시 일본 최대의 도시였다. 오우치 가문에서 세운 유리광사(琉璃光寺) 5층탑이 그 증거이다. 약 30미터 높이의 웅장한 외관을 자랑하는 유리광사는 일본의 3대

일본 야마구치

명탑 중 하나로 손꼽힌다.

오우치는 야마구치 일대를 지배하던 최고 영주였다. 서부 지방 세력들을 장악하고 권력을 행사하던 일인자의 힘은 막강했다. 오우치 가(家)는 중앙정부인 교토의 통치력이 미치지 않는 곳에 자리 잡고 있어 사실상 독자 세력이나 마찬가지였다. 가문의 영토 또한 규슈 북부에서 히로시마에 이를 정도로 방대했다. 조선은 왜구 토벌에 이 오우치의 힘을 이용했다.

위·아래. 오우치 가문에서 세운 유리광사의 5층탑. 이곳에는 오우치 씨의 동상이 세워져 있다.

지난번에 대상국(大相國)이 의(義)로써 발병(發兵)하여 몸소 스스로 독전(督戰)해서 그 무리를 섬멸하였으니, 변경의 인민들이 편안하고 조용하게 되어, 생민에게 해독이 없게 하고 두 나라로 하여금 화호를 닦게 하였다.

《정종실록(정종1년)》 중에서

오우치에게 군대를 일으켜 야마구치 일대의 왜구를 무찌르게 했던 것이다. 물론 오우치가 아무 이유 없이 조선의 명을 수락한 것은 아니었다.

오우치 가문은 교토를 제외한 서부 지방 세력들을 장악한 독자 세력이었다.

그 공을 아름답게 여겨 이를 갚고자 한다.

《정종실록(정종1년)》 중에서

조선은 자신들의 명에 따라 왜구를 처리한 오우치에게 통신부를 하사하는 보상 조치를 취했다. 통신부는 조선과의 교역권이었다. 조선은 오우치에게 통신부를 주고 조선을 드나드는 일본인들을 감독하게 하는 역할까지 맡겼다. 모리박물관 시바하라 나오키 학예원은 통신부에 대해 이렇게 설명한다.

"조선은 당시 골머리를 썩고 있던 일본의 해적인 이른바 왜구 문제를 억압할 수 있는 세력에 대해 우선적으로 통행권(通行權)을 부여했습니다. 그 통행권의 증거로 부여한 것이 바로 통신부입니다."

그러니까 통신부는 약탈을 그만둔 왜구에게 주는 보상이었다. 믿음(信)으로 통(通)한다는 뜻의 통신. 조선은 일본과 믿음을 통함으로써, 두 나라 모두 발전을 이루는 공존의 시대를 열고자 했다. 그 이후 조선과 일본의 바다에는 극적인 변화가 생겼다.

불경과 통호(通好)

일본의 3대 비경으로 손꼽히는 히로시마 현 미야지마에는 신사와 불교 사찰이 바다 위에 떠 있다. 고대에는 바다의 신을 섬기던 곳이었

위. 일본 히로시마 미야지마에 있는 대원사
아래. 미야지마에는 신사와 불교 사찰이 바다 위에 떠 있다.

다. 바로 이곳에 자리한 대원사(大願寺)에는 조선과 일본 두 나라 관계의 변화를 보여주는 중요한 물품이 보관되어 있다. 1538년, 대원사 주지인 존해(尊海)가 조선을 방문하고 가져온 것으로, 중국 호남성 지역의 주요 명소를 담은 소상팔경(瀟湘八景) 병풍이다. 사실 존해는 특별한 임무를 띠고 조선을 방문했다.

그러나 자신의 임무는 수행하지 못하고 대신 병풍만 선물로 받아 돌아온 것이다. 병풍 뒤에는 존해가 직접 쓴 글씨가 가득 채워져

있다. 〈존해도해일기(尊海渡海日
記)〉라는 것으로, 존해가 이 병풍을
가져오게 된 내력이 빼곡하게 담겨
있다. 이 일기에 따르면 그가 조선
에 간 이유는 바로 불교 경전인《일
체경(一切經)》, 즉《대장경》을 구하
기 위해서였다. 대원사 히라야마

우리나라 최대 사찰인 해인사

신메이 주지는 당시 일본 사찰에서《일체경》을 소장하는 것은 대단
히 중요했다고 설명한다.

"그 무렵 일본의 절들은《일체경》을 소장함으로써 자신들의 '지
위'가 높아진다고 생각했습니다. 대원사 또한《일체경》을 소장하고
있었습니다만 문제가 조금 있었습니다. 너무 낡아 벌레가 먹은 것도
많았고, 또 불심이 깊은 신자들에게 경전을 줘 공덕을 칭송하는 경우
가 빈번했던 까닭에 결본 또한 많았습니다. 그래서 존해가 당시 최고
유력자였던 오우치에게 부탁해 조선에 건너가 결본을 얻어오고 싶다
고 말했던 것입니다."

그 무렵 조선에는 존해 같은 승려와 일본 사신들이 줄을 이었다.
그들의 바람은 오직 하나, 경전이 집결된《대장경》을 구하는 것이었다.

일본이 그토록《대장경》을 원한 까닭은 무엇일까? 그 이유를 알
기 위해서는 해인사를 찾아야 한다. 우리나라 최대 사찰인 해인사에
서는 2010년 5월 28일, 특별한 행사를 개최했다.《팔만대장경》이운
법요식, 다시 말하면 '국제기록문화전시회'를 위해《팔만대장경》경
판 한 점을 서울로 이송하는 행사였다. 해인사 주지 손각 스님의 말

에 일본이 그토록 《대장경》을 원하는 비밀이 숨어 있다.

"《대장경》은 부처님의 말씀을 경판으로 새겨놓은 겁니다. 총 경판의 권수는 8만 1,350판이고 부처님의 경전이 약 1,500여 종류가 수록되어 있습니다."

조선이 유교를 숭상하면서 불교가 쇠퇴한 것과는 달리 일본에서는 불교의 열기가 무척 뜨거웠다. 앞서 설명했던 송희경의 책에도 일본의 불교와 관련한 기록이 남아있다.

> 주(州)에서 촌(村)에 이르기까지 절이 거의 반이 되고, 머리를 깎고 절에서 사는 자가 평민보다 배나 된다.
>
> 《노송당일본행록가장》 중에서

백성들이 불교를 숭상하자 일본의 지배층들은 경쟁적으로 사찰을 세우고, 불경을 들이기 시작했다. 조선이 유교의 나라라면 일본은 불교의 나라였다. 송희경은 아예 일본을 석가모니의 나라라고까지 표현하고 있다. 조선은 일본의 불교 열기를 정치적으로 활용했다.

> 일본이 불교를 숭상하고 있으므로 교호(交好)하는 데 있어 증여할 물건은 불경보다 나은 것이 없사오니 각처에 있는 불경을 고찰, 열람하고 이를 저장 비축(備蓄)하여 뒷날 통호의 자료로 대비하소서.
>
> 《세종실록(세종11년)》 중에서

통호의 자료라는 용어에 주목할 필요가 있다. 세종은 불경에 목말라 하는 일본의 상황을 정확히 파악하고 있었다. 《대장경》은 불교 유산이기도 했지만 외교적 자산으로 활용될 수 있는 중요한 물품이기도 했다. 세종은 《대장경》 한 부를 일본에 건넴으로써 외교적 우위를 점한다.

《대장경》은 우리나라에서도 희귀하다. 그러나 한 부는 주겠다.

《세종실록(세종2년)》 중에서

광주여자대학교 평생교육원 정성일 교수는 그 사건 뒤에 숨은 의의를 이렇게 분석한다.

"일본의 지방 세력들은 경제적인 이익과 더불어 《대장경》을 손에 넣기 위해 조선에 충성을 다하는 척합니다. 물론 조선 조정에서도 그들의 말이 본심이 아닌 외교적인 수사에 불과하다는 사실을 잘 알고 있습니다. 그러면서도 그들에게 《대장경》을 비롯한 여러 가지 특혜를 주는 전략을 구사합니다. 이러한 외교 방식은 지금도 우리에게 많은 점을 시사해줍니다. 명분은 확보하면서도 현실적인 면들을 고려해 판단을 내리는 것이지요."

조선에서 전해진 불경은 일본인들에게 어떤 의미였을까? 대마도에 자리한 동천사에는 주민들이 매우 귀하게 여기는 불경이 보관되어 있다. 조선에서 들여온 《오부대승경(五部大乘經)》이 바로 그것으로 《화엄경(華嚴經)》, 《대집경(大集經)》, 《대반야경(大般若經)》, 《법화경(法華經)》, 《열반경(涅槃經)》 등 5가지 주요 불경을 모은 경전이다.

동천사를 세웠던 당시의 대마도주는 사찰 건립 후 곧바로 조선에 사신을 파견해 《오부대승경》을 얻어왔다. 조선에서도 귀하게 여기던 불경이었다. 대마도주는 사찰의 권위를 높이기 위해서는 꼭 필요했던 조선의 수준 높은 《대장경》을 손에 넣으려고 온갖 수단을 동원했다. 《대장경》이 일본의 지방 세력가들에게 자신의 위상을 과시하는 수단으로 이용되었음을 알 수 있는 대목이다. 대마도 역사민속자료관 야마구치 가요 학예원의 말을 통해 당시의 사정을 짐작할 수 있다.

"일본 중세시대에 불교의 힘은 무척 커서 정치까지 좌지우지할 정도였습니다. 그런데 유감스럽게도 일본은 경전을 만드는 기술이 부족했습니다. 중국과도 거리가 너무 멀어 완성도 높은 경전의 수가 절대적으로 부족한 까닭에 이웃 나라인 조선에 부탁하여 불교 경전을 받을 수밖에 없었습니다."

위. 《오부대승경》. 5가지 주요 불경을 모은 경전으로 현재 대마도 동천사에 보관되어 있다.
아래. 대마도주는 《오부대승경》을 동천사 건립 후 사신을 파견해 조선에서 얻어왔다.

16세기 중반까지 일본은 조선에 무려 80여 차례나 《대장경》을 요청했다. 실제로 일본이 가져간 것만도 50여질에 이르렀다. 그러나 일본의 《대장경》을 소유하려는 욕심은 끝이 없었다. 세종5년(1423년), 일본은 드디어 있을 수 없는 요구를 한다. 아예 대장경판(大藏經板)을 자신들에게 달라는 것이었다. 그러나 조선에도 하나밖에 없는 대장경판을 일본에 줄 수는 없

《팔만대장경》. 현재 해인사에 보관되어 있다.

었다. 일본의 요구는 애초부터 무리한 것이었다. 일본은 그럼에도 불구하고 쉽게 요구를 거두지 않았다.

귀국에 들어온 이래로 전하의 융숭한 대우를 받았고, 더욱이 전날 대궐에 나아가서 숙배할 때 크게 후하신 연향(宴享)을 더하여 내리시와, 하정(下情)에 기뻐함을 일일이 들어 말할 수 없습니다.

우리 본조(本朝)의 요구하는 바는 대장경판이요, 이제 전하께서 허여(許與)하심을 입은 것은 모두 다른 것들입니다. 비록 가지고 본국으로 돌아간다 하더라도 우리 국왕의 뜻에 맞지 않을 것이요, 저희들은 견책당할 것입니다. 바라건대, 각하(閣下)께서 우리의 무리함을 불쌍히 여기시고 자세히 성총(聖聰)에 아뢰시와 본국에서 구하는 경판을 하사하신다면 임금님의 은혜요, 저희들의 소원입니다.

《세종실록(세종5년)》 중에서

이에 대한 세종의 답은 거절이었다.

대장경판은 다만 한 벌뿐이니 내려줄 수 없다.

《세종실록(세종6년)》 중에서

일본 사신은 급기야 단식투쟁까지 한다.

우리들이 온 것은 오로지 대장경판을 구하려는 것입니다. 우리들이 처음 올 때에 어소(御所)에 아뢰기를, '만일 경판(經板)을 받들고 올수 없을 때에는 우리들은 돌아오지 않겠다'고 하였습니다. 이제 얻지 못하고 돌아가면 반드시 말대로 실천하지 못한 죄를 받을 것이니, 차라리 먹지 않고 죽을 수밖에 없습니다.

《세종실록(세종6년)》 중에서

사태가 예상 외로 심각하게 전개되자 조선은 고민에 빠졌다. 그렇다고《팔만대장경》을 줄 수는 없었다. 결국 조선은 다른 불경을 주기로 결정한다.《금자화엄경(金字華嚴經)》, 즉 금으로 쓴《화엄경》이었다. 광주여자대학교 평생교육원 정성일 교수는 양국 간의 관계를 고려할 때 꽤 합리적인 결론이었다고 그 당시 조선 조정의 결정에 손을 들어준다.

"물론 그 당시에도 이견은 있었습니다. 일본에 지나치게 많은 것을 주는 것에 대한 불만, 어린아이처럼 떼를 쓰는 데도 결연히 대처하지 못하고 결국 그들의 요구에 굴복한 것에 대한 불만이 존재했습니다. 그렇지만 큰 틀에서 보면 사정은 달라집니다. 남방(南方)의 안전을 위해 확보하는 데 드는 군사 비용, 즉 평화 유지 비용으로 계산하면 실제로 조선이 지출하는 비용은 그리 많지 않다는 결론에 이르게 됩니다."

왜관의 탄생

조선은 왜 이런 가외 비용을 치르면서까지 일본과의 평화를 유지하려고 했던 것일까?

　서두에 언급했던 종묘 공신당으로 돌아가 보자. 공신당은 역대 조선 임금의 공신들만 모시는 곳이다. 일반인에게는 공개되지 않는 공간에 성종의 일등공신으로 책봉된 신숙주의 신주(神主)가 모셔져 있다. 신주를 모신 독(櫝)을 열자, 신숙주의 신주가 나왔다.

4회에 걸쳐 공신의 반열에 올랐던 신숙주. 현재 종묘 공신당에 위패가 모셔져 있다.

　세종에서 성종까지 무려 여섯 임금을 모셨던 신숙주는 수양대군이 계유정난(癸酉靖難)을 일으켰을 때는 정난공신(靖難功臣)에, 세조가 즉위한 후에는 좌익공신(佐翼功臣)에, 남이의 옥사와 관련해서는 익대공신(翊戴功臣)에, 성종 즉위 후에는 좌리공신(佐理功臣)에 오르는 등 모두 4회에 걸쳐 공신의 반열에 올랐다. 물론 논란의 여지도 있겠지만 신숙주가 역대 정권에서 필요로 했던 인재였음을 알 수 있는 증거이다.

명나라와 일본을 드나들며 국제적인 안목을 쌓은 신숙주는 일찍부터 조선의 평화는 일본과의 관계에 달려 있음을 간파했다. 그러한 신숙주의 대일 외교 철학을 담은 책이 바로《해동제국기(海東諸國記)》이다. 그는 책 서문을 통해 대일 외교의 가장 중요한 원칙을 다음과 같이 적고 있다.

《해동제국기》. 신숙주의 대일 외교 철학이 담겨 있다.

> 반드시 실정을 알아야만 예절을 다할 수 있고, 그 예절을 다해야만 마음을 다할 수 있습니다.
>
> 《해동제국기》 중에서

조선이 일본의 실정을 이해하고 일본에 예를 다해야만 조선과 일본이 진정으로 통할 수 있다는 것이다. 서울대학교 규장각 한국학연구소 강문식 박사는 신숙주의 의도를 다음과 같이 해석한다.

"일본의 실상을 정확히 알아야 그들을 대접하고 맞이하는 방법을 알 수 있고, 또한 그렇게 적절히 대접해야 일본이 진심으로 조선에 복종한다고 생각한 것입니다. 그런 과정을 거친 후에야 조선과 일본 사이에 선린우호 관계가 성립되고, 양국 간의 평화가 자리 잡게 된다는 확신이 있었던 것이지요."

신숙주는 조선이 일본을 어루만져주지 않는다면 다시 예전처럼 노략질을 하러 올 것이 분명하다고 판단했다.

제포 왜관터. 지금은 왜관의 건물은 사라지고 석축만 남아있다.

고려 말에 그들을 잘 어루만져주지 않자, 그들은 수천 리 땅을 침범하
여 쑥대밭으로 만들곤 했습니다.

《해동제국기》 중에서

조선은 신숙주가 제안한 대로 일본을 더 잘 다루기 위해 새로운
공간을 만들어 제공했다. 그곳이 바로 '왜관(倭館)'이다.

한반도 동남쪽에 자리한 창원 시 진해구 제덕동은 고대부터 일
본과의 왕래가 잦았던 곳이다. 작은 포구를 낀 이 제덕동에 제포 왜
관이 자리 잡고 있었다. 오랜 세월이 지난 까닭에 왜관은 사라지고
지금은 터만 남아있다. 강원대학교 사학과 손승철 교수에 따르면 왜

〈동래부사접왜사도〉. 이 그림을 통해 당시 왜관이 조선과 일본의 가교 역할을 했음을 짐작할 수 있다.

관의 규모는 1,700평이며, 축대는 3단으로 쌓여 있었다. 현재 제포 왜관 터에 남아있는 것은 왜관 건물의 석축뿐이다. 남아있는 석축의 길이를 기준으로 측량해 보면, 당시 석축의 실제 길이는 약 100미터에 이른다. 2단과 3단이 왜관의 본 건물, 1단은 왜관의 입구였을 것으로 추정하고 있다. 손승철 교수는 왜관의 모습을 다음과 같이 설명한다.

"축대 위가 제일 넓은 지역이기 때문에 위쪽으로 건물이 있었을 것입니다. 축대 쪽에는 아마 회랑(回廊) 같은 출입문의 형태가 있었을 테고요. 연못과 마당도 있었겠지요. 그래서 아마 3단 구조로 되었던 것 같습니다."

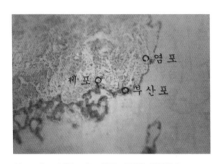

염포, 제포, 부산포에 조선은 왜관을 설치했다.

왜관은 조선을 찾는 일본인들을 위해 조선에서 직접 세운 건물이다. 그러니까 일본 사신들의 숙소이자, 상인들의 무역관 역할을 하던 곳이다. 왜구의 노략질이 빈번하던 조선의 포구는 왜관 건립 후 점차 평화로운 무역항으로 변해갔다. 이제 일본은 약탈자가 아닌 상인이 되어 조선을 찾기 시작했다.

〈동래부사접왜사도(東萊府使接倭使圖)〉에는 조선 관리인 동래부사가 왜관에서 일본 사신들을 맞이하는 모습이 그려져 있다. 조선은 정성을 다해 왜관을 방문하는 일본 사신을 맞이했고, 일본도 조선에 예를 다했다. 왜관은 양국의 가교 역할을 하는 평화로운 공존의 장(場)이었다. 손승철 교수는 왜관이 한일 관계의 교역소 기능을 담당했다고 설명한다.

"기본적으로 왜관은 양국의 평화로운 교역이 이루어지는 장소였습니다. 그래서 교역을 하기 위한 여러 가지 시설이 필요했던 것이죠. 요즈음 식으로 이야기하면 관세국, 출입국관리소와 같은 역할을 삼포에 있는 왜관에서 한 것입니다."

조선은 지금의 부산 지역인 동래에도 왜관을 설치했다. 그 이후 울산과 염포에도 왜관이 생겼다. 한반도 남부의 세 항구, 즉 제포, 부산포, 염포를 중심으로 이른바 삼포 왜관의 시대가 열린 것이다. 왜관의 효과는 곧바로 나타나 조선으로 넘어오는 일본인들의 숫자가 크게 증가했다.

본토에서 생활하기가 곤란하여 귀국 해변에 살면서 고기도 잡고 술도 팔아 생활해 가기를 원합니다.

《세종실록(세종8년)》 중에서

조선으로 이주하는 일본인들의 수는 날마다 증가했다. 특히 대마도인들은 조선에서 장사하며 살 수 있게 해달라고 청하기까지 했다. 왜관 주변으로는 아예 일본인들만을 위한 마을이 형성되었다.

남자는 바다에 나가 해산물을 캐고, 여자는 여염(閻閻)에서 장사하여 모두 넉넉하게 지내고, 나아가 많은 일꾼을 두고 부유하게 사는 여자까지 있으니 정말 낙토(樂土)입니다.

《연산군일기(연산군9년)》 중에서

조선인과 일본인이 함께 어울려 살던 왜관의 마을들은 일본인들에게 여태껏 살아본 적이 없는 낙토, 즉 낙원 같은 곳이었던 것이다.

왜관을 중심으로 그 주변의 풍경들도 빠르게 변해갔다. 창원 시 진해구 웅천동은 조선시대에 제포를 관할하던 웅천읍성이 있었던 곳이다. 지금은 상가와 주택들로 빼곡한 웅천읍성의 남문 터는 과거에는 시장이 섰던 자리로 강원대학교 사학과 손승철 교수는 이렇게 설명한다.

"과거 웅천읍성의 남문이 있던 자리 사이 통로를 빠져나가면 제포 왜관 웅신현이 나옵니다. 그 사이에 보평역(報平驛)이 있었고, 그곳에서 시장이 열렸습니다."

왜관을 설치하자 일본인 마을이 생겼고, 보평역을 중심으로 시장도 열렸다. 조선과 일본의 물건들이 함께 팔리는 국제적인 시장이었다. 시장은 늘 활기를 띠었다. 부자들은 밤낮으로 물건을 사들였고, 조선인과 일본인은 국적의 구분 없이 친하게 지냈다.

밤낮없이 왕래해서 서로 친하고 사랑함이 형제와 같았다.

《중종실록(중종4년)》 중에서

손승철 교수는 당시 왜관은 약탈로 점철되었던 양국 관계를 교역과 공존의 관계로 바꾸었던 특별한 공간이었다고 설명한다.

"왜구에 의한 약탈과 침략의 갈등 구조가 왜관을 설치함으로써 교역을 통한 공존의 구조로 바뀌었습니다."

목면과 구리가 가져온 평화

그렇다면 일본은 조선에 무엇을 팔았을까? 일본 규슈 중부의 작은 마을인 가와라초(香春町)에는 일본의 유서 깊은 광산 중 하나인 가미마부(神間步)가 있다. 이곳 광산에서 생산된 자원이 일본의 주된 수출품이었다. 우리나라 삼국시대 때부터 채굴이 시작된 가미마부 광산은 일제시대까지 구리를 생산했다. 광산에서 얻는 구리의 양은 상당했다. 일본은 수요가 많은 조선에 대부분의 구리를 수출했다. 가와라초 사회교육계원인 노무라 겐이치는 아래와 같이 설명한다.

"13~14세기까지는 오우치가 광산 지역을 통치했습니다. 이와미(石見)의 은, 가와라의 구리, 그리고 산 너머 히라오다이(平尾台) 주변에서도 구리가 상당히 채굴된 만큼 그런 자원들이 오우치를 경유하여 한반도로 운반되었을 가능성이 높습니다."

가미마부 광산의 구리 수출은

일본 가와라초

오우치를 통해 이루어졌다. 오우치에게는 조선에서 받은 통신부가 있었다. 통신부는 조선과의 무역허가증으로 오우치에게 통신부 도장을 받은 사람들만이 조선에 구리를 수출할 수 있었다.

조선이 구리를 대량으로 수입한 이유는 무엇일까? 국립중앙박물관에 소장된 오주갑인자(五鑄甲寅字)는 당시 조선의 정책을 잘 보여주는 예이다. 다섯 번째로 주조된 갑인자(甲寅字, 갑인년에 만든 구리 활자)라는 의미의 오주갑인자를 처음 만든 사람은 누구일까?

그는 바로 세종이다. 세종은 문화 군주라는 명성에 어울리게 서적 출판을 중요한 국책 사업으로 생각하고 진행했다. 이를 위해 금속 활자는 반드시 필요했다. 구리는 당시의 가장 강력한 무기였던 화포의 주재료이기도 했다. 그러므로 일본의 구리는 조선의 국방력과 지식 인프라를 높이는 데 결정적인 역할을 했다.

위. 가미마부 광산에서 채굴되던 구리 광석
아래. 오주갑인자. 세종 대 만들어진 구리 활자로 국책 사업으로 서적 출판을 목적으로 주조되었다.

당시 개국 초창기였던 조선에서는 각 분야의 문물과 제도를 정비하고 있었고, 때문에 《경국대전(經國大典)》을 비롯한 각종 법률, 행정 서적 들과 국시(國是)인 유교 이념을 널리 알리기 위한 서적 등 출판 관련 소요가 엄청났다. 당시 이런 현상에 대해 국립중앙박물관

유새롬 학예연구사는 이렇게 설명한다.

"조선은 유교를 국가 이념으로 했던 나라입니다. 그래서 기본적으로 '숭문정치', 즉 학문을 숭상하는 정치를 표방했습니다. 그러다 보니 국가에서 주도한 서적의 출판이 굉장히 중요한 사안으로 여겨졌습니다. 조선은 국가에서 직접 출판할 수 있는 활자를 만들었습니다. 특히 금속활자가 서체가 명확하고 글자체가 고르기 때문에 국가에서 주도하는 관판(官版) 인쇄본의 활자로 낙점을 받았던 것입니다."

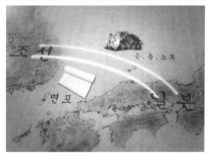

위. 목면. 조선은 구리의 대가로 일본에 목면을 보냈다. 그때까지만 해도 일본에서는 목면이 생산되지 않았다.
아래. 한반도에서는 목면이 일본에서는 구리와 은 등이 교역되었다.

일본에서 구리를 수입한 조선은 무엇을 수출했을까?

우리 임금이 '값을 모두 면포(綿布)로 주지 않거든 구리를 도로 가지고 오라' 하였으니, 면포가 아니면 감히 받을 수 없습니다.

《성종실록(성종20년)》 중에서

일본의 요구는 면포, 즉 목화로 짠 천이었다. 조선은 이미 고려

145

제포 왜관 복원도

때 들어온 중국 목화를 재배하고 있었다. 목화 재배 기술은 점점 발전해 조선의 목면(木棉, 목화나무과의 식물을 통틀어 이르는 말)은 전 지역에서 광범위하게 생산되었다. 반면 일본에서는 그때까지만 해도 목면이 전혀 생산되지 않고 있었다.

우리나라에도 비단과 삼베는 있습니다. 그러나 목면은 존재하지 않으므로 오로지 면포만을 희망하는 바입니다.

《성종실록(성종21년)》 중에서

조선은 구리의 대가로 일본에 면포를 보냈다. 양국 모두 손해 볼 것이 없는 거래였다. 조선과 일본은 서로에게 필요한 것을 주고받았다. 무역은 조선과 일본 양국에 경제적인 이익과 함께 평화를 주었다. 왜관에 일본인들이 몰려들면서 시장이 섰고, 두 나라 상인들은 그 시장에서 함께 장사를 했다. 왜관은 조선으로 입국하는 일본인들로 넘쳐났고, 주변에는 일본인 마을도 함께 생겼다.

삼포 왜관은 조선의 대일 외교 철학이 집약된 곳이었다. 조선이 일본인들을 위해 직접 설치한 왜관, 왜관을 통해 정착하게 된 일본인들의 마을, 그리고 두 나라 문물을 교류하는 시장이 모여 제포에는 커다란 저팬 타운Japan Town이 형성되었다. 그러나 오랜만에 찾아온 평화는 그리 오래가지 않았다.

다시 왜란의 시대로

왜관이 생긴 지 100여 년이 지나자 잘나가던 양국 관계에 이상기류가
흐르기 시작했다. 동아대학교 박물관에는 그 시기 들어 악화되었던
조일 관계를 말해주는 흔적
이 있다. 길이 2미터가 넘는
나무 기둥인 말목(末木)으
로, 일종의 나무 말뚝이다.

위·아래. 말목. 왜구 배들의 입항을 통제하기 위해 설
치한 장치였다.

말목들은 모두 지난
1997년, 왜관이 있었던 제
포 앞바다에서 발굴되었다.
아랫부분을 뾰족하게 깎아
갯벌에 꽂아놓은 말목, 이
말목의 용도에 대해 전 동아
대학교 박물관장 심봉근 박
사는 일종의 선박 운행 방해
장치라고 설명한다.

"상부에서 줄을 연결하고 큰 돌을 달아놓았습니다. 말목을 무사히 통과하면 그 다음 장애물인 큰 돌에 걸리게 됩니다. 그 다음에는 갈고리가 걸려 있습니다. 결국 이 모든 장치의 중심 역할을 한 것이 바로 말목입니다. 간단히 말해 '수중에 설치한 성'인 셈입니다."

말목은 배가 바다에 함부로 진입할 수 없도록 뱃길을 막는 장치이다. 조선은 제포 갯벌에 수백 개의 말목을 촘촘히 박았다. 그리고 그 사이에 뱃길을 냈다.

적이 만일 다시 입구(入寇)하면 반드시 전과 같이 불태울 것이니, 모름지기 큰 나무를 박아 세우고 쇠사슬로 차례차례로 연결하여 배를 감춘 포구를 횡단하고, 또 칡으로 만든 동아줄로 무거운 돌을 나무에 달아 그 나무를 물 밑 한 자쯤 잠기게 하여 적선이 걸리어서 넘어 들어오지도 못하고 찍어서 끊지도 못하게 하고, 또 연결한 나무 중앙에 쇠갈고리를 설치하여 잠그기도 하고 풀기도 하여, 열고 닫는 것이 우리에게 있게 하여, 우리가 배를 쓰고자 하면 갈고리를 풀고 나가게 하면, 거의 배를 지키는 계책에 합당하겠기로 우후(虞候) 김양필을 시켜 먼저 수영(水營)에서 시험하게 하였습니다. 만약 편하고 도움이 된다면 좌·우도 각 포에 한 모양으로 만들어 배치하겠습니다.

《중종실록(중종5년)》 중에서

말목을 설치한 까닭에 조선은 제포 앞바다에 들어오는 배 모두를 일일이 검사할 수 있었다. 조선은 왜 평화로운 교역이 이루어지던 제포에 수중 말목 같은 삼엄한 경계물을 설치한 것일까?

그 이유는 간단하다. 제포의 상황이 달라졌기 때문이다. 그 무렵 제포는 밀려드는 일본인들을 감당하지 못하고 몸살을 앓고 있었다. 진해 웅천향토문화연구회 황정덕 회장은 말목 설치 이유를 왜인들의 급속한 증가 때문이라고 설명한다.

"처음에는 30호 정도의 일본인들만 머물도록 했습니다. 1호에 5명씩 계산해보면 150명 정도가 머물렀던 것입니다. 그런데 성종 때가 되니 왜관에 머무는 왜인의 수가 무려 2,500여 명에 이르게 됩니다. 그래서 단속을 하지만 일본인들은 조선의 조치에 승복하지 않습니다."

거주하는 일본인들이 너무 많아져 조선이 통제할 수 없는 지경에 이르게 된 것이다. 숫자가 늘어나자 일본인들은 점점 멋대로 행동하기 시작했다. 조선인의 옷을 입고 일본인 마을을 벗어나 돌아다니는가 하면, 밤 깊은 시간에 밀거래를 하기도 했다. 심지어 조선의 기밀을 파악해 일본에 전하는 행위도 서슴지 않았다. 조선으로서는 이런 일본인들의 행태를 묵과할 수 없는 지경에 이른다.

왜노들이 우리 강토에 와서 투신한 지 여러 해가 되어서, 국가의 난육(卵育)하는 은혜를 입었으니 마땅히 면모를 바꾸어 감화되어서 우리 백성과 같아야 할 것인데, 오히려 짐승 같은 마음을 품어 조금이라도 여의치 않으면 병장기를 잡고 서로 모여 우리에게 항거할 뜻을 가지니, 힐책하지 않아서는 안 됩니다.

《중종실록(중종4년)》 중에서

당시 웅천읍성과 왜관, 제포에 설치된 토성을 나타낸 지도. 조선은 들어온 왜인들을 통제하기 위해 제포에 토성을 세워 격리시키는 정책을 편다.

더 이상의 피해를 막기 위해서는 무엇인가 대책을 세워야만 했다. 왜관을 벗어나 통제 불능이 된 일본인들은 과거의 경험에서도 알 수 있듯 조선에 직접적인 위협이 될 수 있는 존재들이었다. 결국 조선은 일본인들에 대한 직접적인 통제를 강화하기로 결정한다. 제포 왜관의 뒷산 능선에 자리한 나지막한 흙벽, 즉 토성이 그 통제의 흔적이다. 강원대학교 사학과 손승철 교수는 당시 조선 조정의 정책에 대해 이렇게 설명한다.

"조선은 제포에 토성을 세워 왜인들이 거주하는 제포 왜관과 조선인들이 거주하는 웅천읍을 격리시키는 정책을 펼치게 됩니다."

조선이 일본인들을 격리시키자 평화롭던 제포에 긴장감이 감돌

웅천읍성 터. 제포 일대를 관할하던 웅천읍성마저 왜구에 의해 점령당하고 만다.

기 시작한다. 조선은 능선을 따라 성벽을 쌓고, 조선인 거주지와 일본인 마을을 완전히 분리시켰다. 그뿐만 아니라 입항하는 배에 대해서도 검사를 강화했다. 운신의 폭이 좁아지자 일본인들은 노골적으로 불만을 표했다. 자신들을 박하게 대한다면 좋지 않은 일이 벌어질 것이라고 경고까지 했다.

갈등이 고조되던 1510년, 마침내 일본인들은 조선을 공격하기 시작한다. 일본인들이 첫 번째 공격 지점으로 선택한 곳은 바로 제포 왜관이었다. 대마도에서 온 지원군까지 합세하니 일본 군의 병력은 무려 5,000여 명에 달했다.

이것이 바로 삼포왜란(三浦倭亂)의 시작이었다. 일본인들은 평화롭게 교역하던 조선인들을 상대로 무차별적인 공격을 퍼부었다. 기습적인 공격으로 손쉽게 왜관을 점령한 일본인들은 수군기지가 있는 제포 진성으로 향했다. 무방비 상태였던 제포 진성도 곧바로 함락되었다. 일본인들은 파죽지세로 공격에 나서 이번에는 웅천읍성으로 진격했다. 웅천읍성은 제포 일대를 관할하는 행정관청 소재지였다.

일본인들의 기세는 무서웠다. 그들은 웅천읍성마저 별다른 저항 없이 점령했다. 조선이 일본 군들을 진압하고 웅천읍성을 되찾기까지는 무려 보름이 필요했다. 왜란은 그렇게 끝이 났지만 양국 관계는 회복 불능의 상태에 빠졌다. 부산포 첨사 이우증이 일본인에게 살해되었고, 제포 첨사 김세균은 납치되었다. 무려 270명의 사상자와 800여 가구의 소실이라는 끔찍한 결과가 발생했다. 한때 평화로운 교역 상대였던 일본은 다시 조선의 적이 되었다.

조선은 삼포에 다시는 일본인이 거주하지 못하도록 하는 의미에서 제포 바다에 말목을 심었다. 이제 일본에서 조선으로 향하는 바닷길은 막혔다. 조선은 삼포의 왜관마저 폐쇄시켰다. 조선의 강경한 대응에 일본은 어찌할 바를 몰랐다. 삼포왜란을 일으켰던 대마도주는 자신의 잘못을 인정할 테니 왜관을 다시 열어달라고 간청하다시피 했다. 이 사태를 놓고 조선 대신들은 뜨거운 논쟁을 벌였다. 특히《조선왕조실록》에는 이런 논쟁의 핵심들이 기록되어 있다.

제포의 치욕을 아직 통쾌하게 씻지 못하였는데, 지금 다시 수호한다면 이는 도리어 나라의 약점을 보여서 한없는 욕심을 부리게 하는 것입니다.

그러나 왜노들은 본래 도둑질로 생활을 하는 자들이어서 지금 화친을 하지 못하여 전날의 이득을 잃게 되면 반드시 변방에 침입하여 노략질을 할 것입니다.

간사한 오랑캐의 말을 들어주어 곧 화친을 성립시킨다면 비단 적의 술책에 빠지게 될 뿐만 아니라 나라의 약점을 보이게 될 것입니다.

신숙주가 일찍이 왜를 상대하기가 지극히 어렵다고 하였고, 그가 임종할 때 성종께서 뒷날의 일을 묻자 다만 '왜인을 후대하시라'는 말을 하였으니 어찌 거기에 뜻이 없었겠습니까.

다행히 조선 조정은 신숙주를 잊지 않고 있었다. 신숙주는 죽었지만 그의 말은 여전히 살아있었다.

원컨대 국가에서 일본과 화친을 끊지 마소서.

《연려실기술》 중에서

어떤 경우에도 일본과 평화를 유지하라는 것이 바로 신숙주의 유언이었다. 신숙주는 중종의 아버지인 성종의 일등공신이었다. 중종은 고민 끝에 마침내 일본과의 화친을 결심한다.

지금 화친을 허락함은 내가 하고 싶어 하는 것도 아니요, 대신들의 의논에 끌려서 하는 것도 아니다. 다만 군국(軍國)의 중요한 일에 대해 조정의 의논을 배제할 수 없기 때문이다. 중의(衆議)를 채택하도록 한 것이나 옳고 그른 것이 명확하므로 나의 뜻이 이미 정해졌다.

《중종실록(중종7년)》 중에서

강원대학교 사학과 손승철 교수는 중종이 취한 정책의 의의를 다음과 같이 평가한다.

"삼포왜란이 일어나면서 그동안 조일 간에 이루어졌던 모든 무역이 단절되었습니다. 문제는 그 경우 그 무역을 통해서 살아갔던 일본인들이 살 방법이 없어졌다는 데 있습니다. 왜를 무조건 누를 수만은 없다는 데 조선의 고민이 있습니다. 숨통을 열어주지 않으면 그들이 또다시 약탈에 나설 것은 자명한 일이었습니다. 결국 중종은 왜구들의 약탈을 막기 위해 어쩔 수 없이 제한적인 교역을 허용하기로 합니다."

사량도에 설치된 석축. 삼포왜란 발발 34년 후 200여 명의 왜인들이 공격해왔을 때 세운 것이다.

결국 대마도주는 조선과의 제한적 교역의 재개를 위해 왜란과 관련된 인사들을 조선에 넘겨주고 조선인 포로들도 송환한다. 이렇게 해서 새로 체결된 조약이 바로 임신약조(壬申約條)이다. 하지만 그 전과 비교하면 입항할 수 있는 일본의 선박과 인원 수는 크게 줄어들었다.

이렇게 해서 어렵게 평화가 찾아왔지만 그것은 불안한 평화였다. 삼포왜란이 발발한 지 34년 후, 일본인 200여 명은 사량도를 포위하고 조선인을 공격했다. 바로 사량진왜변(蛇梁鎭倭變)이다. 이 사건으로 다시 조선과 일본의 공존은 와해되었고, 양국 간 관계는 심각한 위기를 맞게 된다.

《해동제국기》_____조선 전기의 대표적인 권신(權臣) 신숙주는 뛰어난 대일 외교전문가이기도 했다. 신숙주가 일본과 인연을 맺은 것은 1443년 (세종25년), 그의 나이 27세 때 서장관(書狀官)으로 일본에 가면서부터였다. 서장관은 문장이 뛰어나면서도 외교적 감각을 지닌 사람이 맡는 자리이다. 신숙주의 경력을 보면 서장관 임무를 수행하기에 부족함이 없는 인물임을 알 수가 있다.

《동국통감(東國通鑑)》,《경국대전》등 조선의 기틀이 되는 편찬 사업에 두루 참여했던 신숙주는 중국어, 일본어, 여진어 등에 능통한 어학전문가이기도 했다. 경륜과 지성, 거기에 어학 능력까지 완비했던 15세기에 보기 힘든 르네상스형 전문가였다.

뛰어난 능력의 소유자였던 신숙주는 세종의 기대를 저버리지 않았다. 그는 변효문과 대마도주 소 사다모리(宗貞盛)가 계해조약(癸亥條約)을 체결할 수 있도록 실무적 지원을 아끼지 않았다. 이종무가 대마도 정벌에 나선 이래 경직되었던 조일 관계가 비로소 유화적인 국면으로 바뀌는 순간이었다.

그러나 계해조약 만큼이나 중요한 결실이 또 한 가지 있었다. 신숙주는 이때의 견문을 바탕으로 1471년 성종의 명령을 받고 《해동제국기》라는 일종의 일본 정보서를 집필하기에 이른다. 그리고 《해동제

문충공 신숙주의 묘. 현재 의정부에 위치해 있다.

국기》서문에는 집필 동기가 잘 밝혀져 있다.

대저 이웃 나라와 수호(修好) 통문(通問)하고, 풍속이 다른 나라 사람
을 안무(安撫) 접대하기 위해서는 반드시 실정을 알아야만 그 예절을
다할 수 있고, 그 예를 다해야만 마음을 다할 수 있습니다. 그리하여
우리 주상 전하께서 신, 숙주에게 명하여 해동제국(海東諸國)의 조빙
(朝聘)·왕래(往來)·관곡(館穀)·예접(禮接)에 대한 구례(舊例)를 찬술
(撰述)해 오라 하시니, 신은 그 명령을 받고서 공경하고 두려워하였습
니다.
삼가 옛 전적(典籍)을 상고하고, 보고 들은 것을 참작하여, 그 나라의
지세를 그리고 세계(世系)의 원류와 풍토의 숭상한 바와 또한 우리나
라의 응접(應接)한 절목에 이르기까지 대략 서술하고, 그것을 편집하
여 만든 책을 올립니다.

집필 동기에 드러나 있듯이 《해동제국기》는 〈일본국기(日本國
記)〉, 〈유구국기(琉球國記)〉, 〈조빙응접기(朝聘應接記)〉와 7장의 지도
로 구성되어 있다. 〈일본국기〉는 일본의 지리, 정치적 상황, 풍속, 도
로의 거리 등이 수록되어 있다. 일본의 정식 국호를 사용한 점이 우
리의 눈길을 끈다. 〈일본국기〉는 짧은 시간의 관찰로 이루어진 글이
라고는 믿을 수 없을 만큼 일본에 대한 상세한 정보가 담겨져 있다.
〈유구국기〉는 당시 일본과 별개의 국가였던 유구(오늘날의 오키나와)
에 대한 정보를 담고 있다. 〈조빙응접기〉는 양국 간의 외교 관례를
담고 있으며, 내용이 무척 상세하다. 사행선의 숫자, 사신 접대 방법

좌. 신숙주가 쓴 《해동제국기》의 서문 일부
아래. 신숙주가 쓴 《해동제국기》는 조선시대 일본으로 사행을 떠나는 외교관들의 필수 지침서 역할을 했다.

등은 물론 사신들에게 제공하는 음식의 종류까지 기록되어 있다.

서문을 조금 더 살펴보면 집필 동기와 함께 생각해보면 좋을 내용이 담겨 있다.

이적(夷狄, 오랑캐)을 대하는 방법은 밖으로의 정벌에 있지 않고 내치(內治)에 있으며, 변방의 방어에 있지 않고 조정에 있으며, 전쟁에 있지 않고 기강을 진작하는 데 있다고 들었습니다.

신숙주는 일본과 전쟁을 벌이기보다는 교린으로 저들을 다스리는 것이 중요하며, 향후 불화를 방지하는 방법은 내치에 힘쓰고 조정의 기강을 진작하는 데 있다고 말하고 있다. 일본을 왜놈이라 부르며 멸시했던 당시 분위기와는 사뭇 다른 관점을 지니고 있음을 분명히 알 수 있는 부분이다.

그 이후《해동제국기》는 조선시대에 일본으로 사행을 떠나는 외교관들의 필수 지침서 역할을 했다. 그뿐만 아니라《청장관전서》나《성호사설》같은 조선의 대표적인 저서 속에서도 일본을 언급할 때면《해동제국기》를 인용해 설명할 정도로 대표적인 일본 정보서로 자리매김했다. 조선시대를 통틀어 그보다 나은 일본 관련 서적이 없었기 때문이다.

신숙주의 정치적인 행보에 다소 문제가 있었던 것은 사실이다. 그러나 대일 외교에 있어서 그의 기여도와 전쟁보다는 평화에 방점을 찍었던 그의 견해는 일본과의 갈등이 여전한 오늘날에도 유효할 정도로 합리적이다.

4장

/

변화(變化)

이양선에서 비롯된 두 나라의 운명

"

눈에 보이지 않는
힘 가운데 변화의 힘보다
큰 것은 없다.

중국의 사상가 장자

"

남부 유럽에 자리한 포르투갈 리스본의 아후다궁 Ajuda 도서관에는 서구인이 한국에 대해 논평한 최초의 기록이 보관되어 있다. 포르투갈 출신의 주앙 로드리게스Joao Rodrigues 신부가 1577년부터 30여 년 동안 일본에서 선교를 하며 보고들은 내용을 적은《일본교회사(日本敎會史)》가 바로 그것이다. 주앙 로드리게스 신부는 국제 정세와 무역에 능통한 당대 최고의 동아시아 전문가였다. 이 책에서 그는 한국과 일본에 대해 다음과 같이 비교 평가하고 있다.

일본 사람들은 외국 사람들에 대한 상당한 신뢰를 보이며 자신들의 땅에 들어오도록 허락했다. 중국과 조선 사람들의 경우 이와는 반대이다. 그들은 자존심이 강하여 외국인들을 피하는 성격을 보인다. 아마도 그들이 수줍음이 많기 때문일 것이다. 그에 비하면 일본 사람들은 외국 사람들에 대해 전혀 두려움을 느끼지 않았다.

《일본교회사》 중에서

로드리게스 신부는 일본인들이 외국인들에게 개방적인 것에 비해, 조선인들은 자존심을 내세우며 배척한다고 직고 있다. 16세기, 한일 양국의 바다에는 서양인들이 몰려오고 있었다. 두 나라는 각자의 방식으로 여태껏 겪어보지 못한 이 새로운 흐름에 대처한다. 그 대처가 양국의 역사를 바꾸어놓을 것이라고는 그 당시, 누구도 예상하지 못했을 것이다.

동래성의 비극

한반도의 남쪽 관문인 부산은 오래전부터 한일 관계의 중심지 역할

위. 부산 동래구 수안동 임진왜란 동래성 전투 유물 발굴 현장
아래. 부산구 동래동 수안동에서 발굴된 조선 군의 창. 이밖에도 갑옷, 인골 등이 발굴되었다.

을 해왔다. 2005년 6월, 동쪽으로 해운대를 바라보고 있는 동래구 수안동에서 지하철 공사를 하던 중 다량의 유물이 발견되었다. 철조각을 엮어 만든 갑옷, 자루 달린 창 등 조선 군의 생생한 무기들과 함께 인골(人骨) 100여 구가 출토되었다.

인골은 당시에 벌어졌던 잔혹했던 동래성 전투의 실상을 생생하게 증언하고 있었다. 어떤 이의 두개골은 칼로 예리하게 잘려나갔고, 또 다른 이의 두개골은 둔중한 물체로 맞아 함몰되었다. 가장 놀라운 것은 유아로 추정되는 한 유골이다. 여타 유

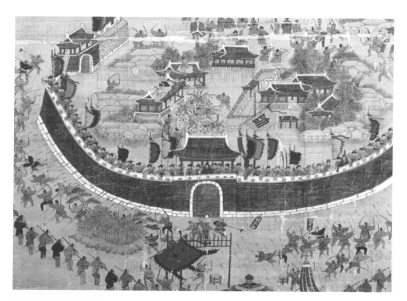

〈동래부순절도〉. 임진왜란 당시 동래성전투를 묘사한 그림이다.

골에 비해 유독 작고 예리한 구멍이 나 있었다. 동아대학교 고고미술
사학과 김재현 교수가 전하는 유골의 상처 분석은 비극 그 자체이다.

"5세 전후 아이의 인골입니다. 특히 주목을 끄는 것은 두개골 이
마 부분에 나 있는 구멍입니다. 유탄이나 총알에 의해 피살된 흔적입
니다."

전투에 사용된 것은 조총이었다. 1592년 4월, 일본 군 20만여 명
은 전격적으로 조선을 침공했다. 부산포에 상륙한 지 하루 만에 정발
이 이끄는 조선 군을 물리치고 부산성을 점령한 일본 군은 이튿날 동
래성으로 진격했다. 임진왜란 당시 벌어졌던 동래성 전투를 묘사한 〈
동래부순절도〉를 보면 일본 군은 최신식 무기인 조총을 들고 동래성

전체를 포위하고 있다. 조총으로 무장된 일본 군에게 재래식 무기로 대항하는 조선 군은 상대조차 되지 않았다.

적선(賊船)이 바다를 덮어오니 부산첨사(釜山僉使) 정발은 마침 절영도(絶影島)에서 사냥을 하다가 조공하러 오는 왜라 여기고 대비하지 않았는데 미처 진(鎭)에 돌아오기도 전에 적이 이미 성에 올랐다. 정발은 난병(亂兵) 중에 전사했다. 이튿날 동래부(東萊府)가 함락되고 부사(府使) 송상현이 죽었다.

《선조실록(선조25년)》 중에서

박동량이 편찬한 《기재잡기》

동래부사 송상현(宋象賢)과 주민들을 몰살시키고 동래성을 함락시킨 일본 군은 대구, 상주, 충주를 거쳐 조선의 수도인 한양마저 점령한다. 부산에 상륙한 지 불과 20일 만의 일이라는 사실이 놀라울 뿐이다. 한마디로 말해 일본 군의 조총은 조선 군에게는 전대미문의 충격을 주었다. 인조 대의 문신 박동량이 편찬한 《기재잡기(寄齋雜記)》에는 미지의 무기로 무장한 적에 대해 느꼈던 공포가 적나라하게 나타나 있다.

오늘날의 적은 신병(神兵)과 같아서 감당할 자가 없습니다.

《기재잡기》 중에서

총을 가진 그들은 '신의 군대'처럼 강했던 것이다. 전쟁기념관 박재광 교육팀장은 당시 조선인들의 눈에 일본인들이 마치 신이 보낸 군대처럼 보였을 것은 너무도 당연하다고 설명한다.

"조총은 끊임없이 조선 군을 향해 날아왔고, 별다른 대처도 하지 못하고 풍비박산이 났습니다. 이런 일본 군의 무기와 전술에 대한 두려움이 일본 군을 신의 군사로 보게 하는 요인이 되었습니다."

임진왜란 초기에 조선 군을 완벽하게 제압한 무기인 조총, 그것은 단순한 무기가 아니라 조선이 여태껏 경험해보지 못한 새로운 문명의 습격이었다. 그렇다면 일본은 당시로서는 최신 병기였을 '조총'을 도대체 어떤 경로로 획득해 실전에까지 투입하게 되었을까?

일본의 역사를 바꾼 조총

매년 5월, 아이치 현 신시로의 나가시노 성지에서는 일본 역사를 바꾸었던 전투를 기념하는 축제가 열린다. 이 축제의 하이라이트는 조총 발사 시범이다. 총열에 화약을 장전하고 대나무 속살로 만든 노끈에 불을 붙여 발사하는 화승식(火繩式) 소총이 이 전투에 사용된 총이다. 시타라가하라 역사자료관 유아사 다이치 주임 학예원은 이에 대해 이렇게 설명한다.

위·아래. 나가시노 전투를 기념하기 위한 축제로 하이라이트는 총 발사 시범이다.

"그 당시 전투에서는 무려 3,000정의 화승총(火繩銃, 화승으로 발사약에 점화하여 탄환을 발사하는 초기의 소총)이 사용되었다는 것이 기록으로 전해집니다. 그 전투를 기념하는 의미로 지금도 화승총을 사용

나가시노 전투를 그린 그림

한 행사를 열고 있는 것입니다."

　임진왜란 발발 17년 전인 1575년, 일본은 치열한 전쟁 중이었다. 지방 영주들이 목숨을 걸고 세력 쟁탈전을 벌이던 그때 상식적으로 이해할 수 없는 일이 일어난다. 당시 최강 전력을 자랑하던 다케다 가쓰요리(武田勝頼)의 기마군단이 돌연 처참한 패배를 당하고 만 것이다. 이들을 무너뜨린 것은 아이치 현의 이름 없는 영주 출신인 오다 노부나가(織田信長)와 훗날 에도 막부의 초대 장군이 되는 도쿠가와 이에야스(德川家康)의 연합 세력이었다.

　전투가 벌어졌던 시타라가하라 결전장에는 당시 연합군이 썼던 전술의 흔적을 재현해놓았다. 그것은 바로 마방책(馬防柵)이라고 불

마방책은 말의 접근을 차단하기 위해 말뚝을 박아 세운 울타리였다.

리는 것으로, 다시 말해 말의 접근을 차단하도록 말뚝을 박아 세운 울타리였다. 시타라가하라 역사자료관 유아사 다이치 주임 학예원이 당시 연합군이 썼던 전략을 자세하게 설명한다.

"한쪽에 오다−도쿠가와 연합군의 진지가 있었으며 맞은편에 다케다 군의 진지가 자리 잡고 있었습니다. 다케다 군이 공격해올 때 오다−도쿠가와 연합군은 마방책에 철포를 거는 형태로 철포를 들고 화승총을 발사하였습니다. 이로써 맞은편에서 공격해오는 다케다 군을 계속해서 쓰러뜨릴 수 있었던 것입니다."

강력한 기마군단에 맞서기 위해 그들은 방어막을 3중으로 설치했다. 그리고 그 뒤에 비밀 병기를 배치했는데 바로 조총이었다. 연합군은 기마대가 가까이 오기를 기다렸다가 1,000정씩 3단으로 배치한 총을 교대로 발사했다. 유아사 다이치 주임 학예원은 조총을 3단으로 배치한 이 획기적인 전략이 일본의 역사를 바꾸어놓았다고 말한다.

"화승총은 뛰어난 무기였지만 한 발을 쏘는 데 약 20초나 걸린다는 단점이 있었습니다. 20초라는 시간은 제법 긴 시간이기도 해서 상대방이 공격할 수 있는 여지를 제공할 수 있었습니다. 자칫 목숨을 빼앗길 수도 있는 이 결정적인 시간을 짧게 하기 위해 3명이 교대로 발사하는 사법(射法)을 사용한 것입니다. 새로운 사법을 적용한 결과 총을 쏘는 데 걸리던 시간을 20초에서 6초로 단축시켰습니다."

나가시노 전투를 기점으로 전국통일의 흐름은 급속하게 빨라진다. 조총을 도입해 중세 봉건시대를 마감한 주인공 오다 노부나가는 지금은 교토 혼노지(本能寺)에 잠들어 있다. 그는 서양의 문물에 대해 관심이 많았고 그 문물을 전쟁에 이용하는 데 적극적이었다.

그의 관심이 대세를 바꾸었다. 나가시노 전투에서 살아남은 다케다의 병사는 전체 1만 5,000명 중 단 2,000명에 지나지 않았다. 조총은 이후 전투의 양상을 대대적으로

위. 오다 노부나가
아래. 교토 혼노지에는 조총으로 나가시노 전투를 승리로 이끌었던 오다 노부나가의 무덤이 있다.

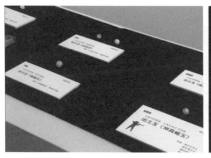

좌·우. 1.5센티미터의 작은 탄환은 일본의 역사를 바꾸어놓았다.

개편하는 역할을 한다.

시타라가하라 역사자료관에는 당시 전투에 사용되었던 총알이 보관되어 있다. 일본 역사를 바꾼 것은 직경 1.5센티미터에 지나지 않는 작은 탄환과 그것을 발사하는 긴 총신(銃身)이었다. 그렇다면 일본은 어떻게 당시로서는 신개발 제품이었던 '조총'을 입수하게 되었을까?

조총의 역사는 30년 전으로 거슬러 올라간다. 나가시노 전투가 벌어지기 30여 년 전, 일본 남서부의 한 섬에 상륙한 포르투갈 상인들이 조총을 전한 것이다. 조총을 처음 본 다네가시마 도키타카(種子島時堯) 영주는 조총의 위력을 한눈에 알아본다. 그는 포르투갈 상인에게 약 1억 엔을 지불하고 조총 2정을 구입했다. 그러고는 가신들에게 제조법과 사용법을 익히도록 한다. 도쿄대학교 사료편찬소 쓰루다 케이 교수는 바로 이 조총이 일본의 통일에 결정적인 역할을 했다고 본다.

"조총의 전래와 보급은 넓은 의미에서 일본의 전술과 전투 태세를 완전히 바꾸어놓았습니다. 물론 일본 통일의 원인이 조총에만 있는 것은 아닙니다. 하지만 조총의 전래가 일본의 전국통일을 가속시키는 요인 중 하나였다는 것은 그 누구도 부인할 수 없는 사실입니다."

서양에서 들어온 신종 병기 조총은 100년 가까이 계속돼온 내란을 끝내고, 새 시대로 나아가기 위한 일본의 불가피한 선택이었다.

《성학십도》의 이상

그렇다면 그 당시 조선은 어떤 상황이었을까? 나가시노 전투가 벌어지기 1년 전인 1574년, 조선 성리학(性理學)의 요람이자, 사학의 원천인 도산서원(陶山書院)이 안동에 건립된다. 조선 성리학을 집대성한 퇴계 이황은 도산서원에서 자신의 학문을 완성하고 후학을 양성했다. 성리학은 조선의 건국이념이자, 선비들의 이상이었다.

위. 조선 성리학의 요람이자, 사학의 원천인 도산서원
아래. 퇴계 이황

영주 시 소수박물관에는 퇴계 학문의 결정체가 보관되어 있다. 유교의 핵심 사상을 10장의 도설(陶說)로 집대성한 《성학십도(聖學十圖)》가 바로 그것이다. 이황은 17세의 어린 나이에 조

선의 군주가 된 선조가 성군이 되기를 바라는 간절한 마음으로 성리
학의 기본 이념을 정리했다.

신이 전일 올렸던 《성학십도》는 그것이 신의 사견(私見)이 아니라 모
두가 선현(先賢)들이 했던 것인데, 그에 대한 공부는 신이 올린 차자
(箚子)에서 사(思) 자와 학(學) 자가 가장 중요합니다. 이에 대해 생각
을 하신다면 얻음이 더욱 깊어질 것이니 이것이 바로 소신이 충심을
바쳐 회언(誨言)을 올리는 뜻입니다.

《선조수정실록(선조2년)》 중에서

소수박물관 금창헌 관장은 《성학십도》의 중요성을 다시 한 번
강조한다.

"《성학십도》는 말 그대로
성학에 관한 10장의 도설을 이
야기하는 것입니다. 제1도인 〈태
극도(太極圖)〉에서부터 제10도
인 〈숙흥야매잠도(夙興夜寐箴
圖)〉까지 이 10장의 도설은 하나
하나가 모두 유학의 근본 이념을
담고 있습니다. 1도에서 5도까
지는 하늘과 땅 즉 천지지간의
만물의 이치를 설명하고 있습니
다. 6도에서 10도까지는 심성론

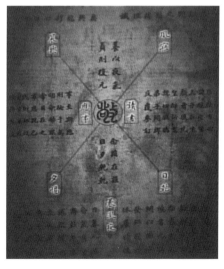

《성학십도》 중에 열 번째 도설로 선비의 삶에 대한 태도
를 언급한 〈숙흥야매잠도〉

(心性論), 즉 인간의 감정을 통한 학문의 도화를 설명하고 있습니다."

《성학십도》는 성인이 되기 위한 이론과 함께 수양과 실천에 필요한 구체적인 방법을 함께 제시한다. 이 중 마지막 열 번째 도설은 선비의 삶의 태도를 이야기한 〈숙흥야매잠도〉로 성학들의 견해를 그대로 수용한 다른 것들과는 달리 〈소학도(小學圖)〉, 〈백록동규도(白鹿洞規圖)〉와 함께 이황이 직접 창안한 것이다. '숙흥야매'라는 글자 그대로 새벽에 일찍 일어나 밤늦게까지 수양하는 방법을 담고 있다.

언제나 몸가짐을 단정히 하며, 독서와 명상을 생활화하고, 쉬지 않고 노력하며 깨어 있는 삶을 살 것을 권한다. 일본이 조총의 위력에 눈을 뜰 즈음 조선의 지식인층은 정신 수양과 도덕적 완성에 몰입하고 있었다. 건국대학교 사학과 신병주 교수는 성리학이 단순한 학문이 아니라 조선의 사회와 정치를 지배했던 절대적인 이념이었기 때문에 가능한 일이었다고 말한다.

"기본적으로는 인간의 본성을 탐구하는 학문이지만 그것을 우주 철학까지 넓힌 것이 바로 성리학입니다. 그뿐만 아니라 그 깨달음을 사회와 정치까지 연결시킨 것에 특징이 있습니다. 도덕, 의리, 수양뿐만 아니라 사회, 정치 전반을 지배하는 이데올로기였던 것입니다."

조선에 귀화를 요청한 왜인 평장친에게 내린 교지

성리학적인 신념은 강하고 두터웠다. 국사편찬위원회에는 조선 제13대 임금 명종이 한 일본인에게 내린 관직 임명서가 보관되어 있다. 그는 '평장친(平長親)'이라는 이름의 일본인이었다. 평장친은 1555년 5월, 조선에 귀화를 요청해왔다. 그리고 귀화의 대가로 조선 왕에게 본국에서 가져온 조총을 바친다. 일본에 조총이 전해진 지 10년이 지난 시점이었다.

왜인 평장친이 가지고 온 총통(銃筒)이 지극히 정교하고 제조한 화약도 또한 맹렬합니다. 상을 내리지 않을 수 없으니, 바라건대 그의 원대로 당상의 직을 제수함이 어떻겠습니까?

《명종실록(명종10년)》 중에서

전북대학교 사학과 한문종 교수는 조총 덕분에 평장친이 높은 관직을 제수받을 수 있었다고 평가한다.

"조선은 평장친이 가지고 온 조총의 총통과 화약의 성능을 굉장히 높이 평가했습니다. 그래서 평장친에게 정3품의 당상관직을 제수하게 됩니다."

제조기술이 확보되었으니 생산만 하면 되는 것이었다. 하지만 뜻밖에도 조정에서는 이를 둘러싼 논란이 분분해진다. 10일 동안 네 차례에 걸쳐 주요 기관의 대신들은 서둘러 조총을 만들 것을 건의했다. 그들은 부족하다면 사찰의 종이라도 녹여서 조총을 만들어야 한다고 주장했다. 큰 종에는 주석이 들어가 있어 성능이 뛰어난 조총을 만드는 데 제격이었던 것이다.

지금 듣건대, 총통을 주조(鑄造)해야 하는데 국가에 비축한 철재(鐵材)가 없으므로 분담(分擔)하여 저자에서 사들이게 해매 원망하고 한

탄하는 실정이 이루 말할 수 없다고 합니다. 동대문 및 남대문의 성 위에 버려둔 큰 종(鍾)으로 총통을 주조하게 하여 철재를 사들이는 폐 단이 없게 하소서.

《명종실록(명종10년)》 중에서

그러나 발목을 잡은 것은 바로 명종이었다. 명종은 대신들의 의 견을 한사코 받아들이지 않았다. 어머니 문정왕후의 강력한 숭불(崇 佛) 의지 때문이었다.

이미 철재를 사들이도록 했으며 종을 부수어 쓸 것 없다. 윤허하지 않 는다.

《명종실록(명종10년)》 중에서

성리학을 신봉한 것에서 알 수 있듯 조선의 가치는 결코 기술문 명의 발전에 있지 않았다. 16세기 조선은 주변 국가와는 사뭇 다른 가치, 즉 정신문명의 안정과 완성을 추구하고 있었기 때문이다. 그렇 다면 일찌감치 서양의 기술을 받아들였던 일본은 그 후 어떻게 되었 을까?

일본의 전국통일이 가져온 후폭풍

기후 시 역사박물관에는 나가시노 전투 이후 일본의 상황을 묘사한
그림이 있다. 바로 오다 노부나가가 살해당하는 장면을 그린 그림이
다. 화승총을 3단으로 배치해 사용한 나가시노 전투의 승리를 통해
전국시대 영주들 간 세력 다툼에서 주도권을 잡은 오다 노부나가는

〈혼노지의 변〉. 오다 노부나가가 살해당하는 장면을 그린 그림이다.

야마자키 전투 장면을 묘사한 그림

1582년 6월 2일 갑작스럽게 살해당하는 비운을 맞는다.

　그를 살해한 것은 오다 노부나가가 총애하던 부하 아케치 미쓰히데(明智光秀)였다. 오다 노부나가를 따르던 많은 사람들은 주군을 살해한 자를 그냥 두고 볼 수 없었다. 아케치 미쓰히데에 대한 즉각적인 응징이 이루어졌다. 오다 노부나가의 1급 심복 장군이 이끄는 군대는 '주군의 원수를 갚자'는 구호 아래 반역자를 쫓기 시작했다. 쫓고 쫓기던 그들은 마침내 오야마자키(大山崎)에서 대면한다. 오야마자키 역사자료관 히야시 토우라 관장이 밝히는 최후의 승자는 우리에게도 낯익은 인물이다.

　"아케치 미쓰히데는 '혼노지의 변(本能寺の変)'이라고 불리는 사

건을 통해 오다 노부나가를 쓰러뜨린 후 교토를 자신의 세력 하에 두게 됩니다. 그러나 그의 치세(治世)는 오래가지 않습니다. 오다 노부나가의 가신이었던 도요토미 히데요시는 쓰고쿠 지방에서 교토로 선회하여 오야마자키에서 아케치 미쓰히데의 군대와 전투를 벌입니다. 그것이 바로 유명한 야마자키(山崎) 전투입니다."

오다 노부나가의 복수를 위해 나선 사람은 평민 출신으로 그의 밑에서 세력을 키워가고 있던 장수 도요토미 히데요시였다. 그는 한 번 잡은 기회를 놓치지 않았다. 3만 5,000명에 이르는 도요토미의 군대는 1만 5,000명에 불과한 반란군을 앞뒤로 협공해 불과 1시간 만에 초토화시켰다. 그리고 여세를 몰아 전권을 장악하는 작업에 돌입한다.

그는 오다 노부나가의 측근인 시바타 가쓰이에(柴田勝家)를 물리친 데 이어 오다 노부나가의 셋째 아들 오다 노부타카(織田信孝)를 몰아붙여 자살하게 만든다. 반대편에 섰던 도쿠가와 이에야스와는 화해하여 그를 자신의 밑에 두게 된다. 그 뒤로도 거칠 것 없는 행보를 보인 끝에 마침내 그는 전국통일을 달성한다. 그러나 그의 권력은 완전하지 않았다. 통일 후에도 그에게 저항하는 세력은 여전히 남아있었다.

도요토미 히데요시는 휘하의 무장 세력이 공을 세울 때마다 땅을 나누어주어 자신에게 복속하도록 하는 전략을 즐겨 썼다. 그러나 전국통일

도요토미 히데요시가 항상 들고 다녔던 부채에는 한반도를 비롯해 중국 대륙까지 정복하려는 야심이 지도로 그려져 있다.

사카이 시에 남아있는 대장간 터

이 완성될 무렵 일본에는 더 이상 하사할 땅이 남아있지 않았다. 휘하의 무장 세력이 단합해 저항할 경우 지금껏 이루어놓은 모든 것이 무너질 수도 있는 상황에서 도요토미 히데요시에게는 토지 확보가 절실했다. 그는 숙고 끝에 마침내 결단을 내린다.

오사카의 천수각(天守閣) 박물관에는 그가 생각했던 돌파구가 무엇인지를 분명하게 보여주는 유물이 있다. 도요토미 히데요시가 항상 지니고 다녔던 부채가 바로 그것이다. 이 부채에는 지도가 그려져 있고, 그 지도에는 중국의 북경과 남경, 그리고 조선의 서울이 표시되어 있다. 그는 통일을 유지하고 신흥 세력을 억제하기 위해 조선을 거쳐 중국까지 정벌하겠다는 망상에 빠져 있었던 것이다. 그는 자신만의 망상을 현실로 만들기 위해 대대적인 전쟁 준비에 나선다.

중세시대 무역 자치 도시였던 오사카 사카이 시는 도요토미 히데요시에 의해 철강 도시로 탈바꿈했다. 그는 전국통일 후 상인들을 오사카로 이주시키고, 사카이 시를 조총 생산의 중심지로 육성했다. 에도시대 중기까지 사카이에는 약 30여 개의 대장간이 성업을 누렸다. 사카이 시내 철포 거리에는 당시 조총을 만들던 대장간 터가 지금도 남아있다.

전국통일의 과정에서 조총의 위력을 실감한 도요토미 히데요시에게 있어 조총은 곧 권력과 동일어였다. 조총으로 휘하의 군대를 무장시킨 그는 결국 1592년 4월 한반도를 침공한다. 조선 군은 지금껏 경험하지 못한 신무기의 공세 앞에 무력하게 무너져갔다.

지혜로 왜구 조총 부대를
섬멸한 조선 의병

전쟁이 시작된 지 한 달이 된 5월 18일, 지금까지의 전세를 일거에 뒤집는 일대 사건이 일어난다. 남강과 낙동강이 교차하는 기강에서 일본 군을 공격한 기습 작전이 벌어진 것이다. 당시 상황은 전설이 되어 지금도 민간에 전해 내려오고 있다. 경남 의령군 황서규 문화관광 해설사가 전하는 전설은 무척이나 놀라운 내용을 담고 있다.

 "우리 의병들이 강 양쪽 둑 곳곳에 숨어 있다가 무려 14척에 이르는 일본 병선을 침몰시켰습니다. 그 당시에 참여했던 우리 의병의 숫자는 겨우 17명이었다고 합니다. 고작 17명의 의병이 왜군 병선을 14척이나 침몰시킨 것입니다. 그야말로 엄청난 전과(戰果)가 아닐 수 없습니다."

기강 전투 장면을 묘사한 그림

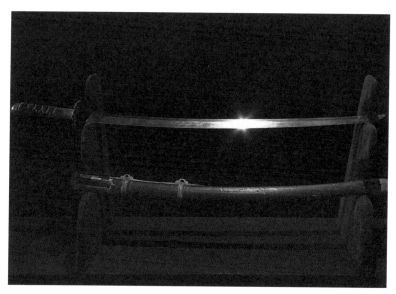

홍의장군 곽재우가 사용했던 칼

    일본 군을 무너뜨린 것은 첨단 무기가 아니라 말뚝과 밧줄이었다. 매복한 의병들은 강바닥에 나무 기둥을 박고 밧줄로 연결해 적의 선박을 고립시킨 후 기습적으로 공격하는 작전을 펼쳤다. 그들은 조선의 정규군이 아니었다. 일본 군의 침탈에 분노해 자발적으로 일어난 의병이었다.

    경남 의령에 위치한 '충익사(忠翼祠)'에는 당시 전투를 이끌었던 장수가 쓰던 칼이 보관되어 있다. 칼의 주인은 홍의장군(紅衣將軍)으로 유명한 곽재우이다. 명문가의 자제였던 그는 무사가 아니라 성리학을 공부하던 조선의 선비였다.

    전쟁이 일어나기 전 곽재우는 자신을 수양하는 방편으로 꾸준히 무예를 익혀왔다. 성리학의 주요 덕목인 수양과 실천의 일환으로 무예를 택했던 것이다. 국난이 오자 그는 붓 대신 칼을 들고 전장에 나섰다. 전쟁 발발 후 가장 먼저 일어난 의병 봉기였다. 그러나 곽재우가 택할 수 있는 방법은 많지 않았다. 군사와 무기가 별로 없었던 그로서는 너무도 익숙한 지형지물을 이용해 적을 교란시키는 방법이 최선이었다.

기강 전투가 벌어진 지 6일 뒤인 5월 24일, 군량미를 확보하기 위해 전라도로 파견된 일본 군 2,000명이 정암진(鼎巖津)에 나타났다. 그들은 수심이 낮은 곳에 깃발을 꽂은 후 그것을 이정표 삼아 강을 건너려고 했다. 곽재우와 의병들은 눈에 띄지 않는 곳에 숨어 일본 군의 일거수일투족을 지켜보고 있었다.

정암진. 정암진 전투가 벌어졌던 이곳에서 일본 군은 곽재우를 비롯한 의병들에게 몰살당한다.

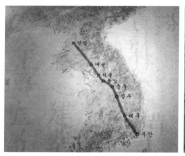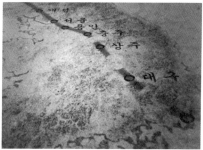

좌·우. 임진왜란 당시 일본 군의 조선 점령 지도. 의병들로 인해 일본 군의 보급로는 중간중간 차단된다.

　다음 날 새벽, 일본 군이 나타났다. 그들은 별다른 의심 없이 지난밤 꽂아둔 이정표를 쫓아 강을 건너기 시작했다. 하지만 얼마 못 가 그들은 물에 빠져 허우적대기 시작했다. 의병들이 일본 군이 설치한 이정표를 수심이 깊은 곳으로 옮겨놓은 까닭이었다. 일본 군의 대형이 무너지자 갈대숲에 숨어 있던 의병들은 불화살을 쏘며 공격했다. 조선 군의 반격을 미처 예상조차 하지 못했던 일본 군은 허둥대다가 퇴각했다. 경남 의령군 황서규 문화관광 해설사는 조총에 대한 학습이 있었기에 가능한 전투였다고 설명한다.

　"일본 군과 맞서기 전에 곽재우는 조총을 구해 유효 사거리가 50보 정도 거리라는 사실을 미리 알아냈습니다. 그 당시 활의 유효 사거리는 75보에 이르렀습니다. 그러므로 항상 적과의 거리를 50보 이상 유지한 후 지형지물을 이용해 활을 쏘아 승리를 거두었습니다."

　경상우도는 곽재우를 중심으로 의병 활동을 벌였다. 그들은 낙동강으로 넘어오는 일본 군을 협공해 격퇴했다. 김시민 장군이 진주성전투에서 승리를 거둘 수 있었던 것도 곽재우가 후방에서 적들을 교란했기에 가능했던 일이었다. 일본 군은 파죽지세로 한성까지 진격했지만 의병이 후방에서 보급선을 차단하며 교란작전을 펴자 조금씩 당황하기 시작했다. 일본 군들은 이제 곽재우의 붉은 옷만 봐도 두려움에 떨었다.

> 곽재우는 그 아비가 명나라 북경에 갔을 때 황제가 하사한 붉은 비단 철릭(帖裏)을 입고서, 지금 장사(將士)들을 거느리고 의령 현의 경내 및 낙동강 가를 마구 누비면서 왜적을 보면 그 숫자를 불문하고 반드시 말을 달려 돌격하니, 화살에 맞는 적이 많아서 그를 보면 바로 퇴각하여 달아나 감히 대항하지 못합니다. 왜적에게 사로잡혔던 사람이 돌아와 하는 말이 '왜적들이 이 지방에는 홍의장군이 있으니 조심하여 피해야 한다고 했다'고 합니다.
>
> 《선조실록(선조25년)》 중에서

흥미로운 결과가 아닐 수 없다. 곽재우를 비롯해 전쟁을 치러본 경험도 없었던 의병이 전쟁의 판도를 뒤바꿔놓은 것이다. 일본 군과 함께 조선에 종군했던 포르투갈 선교사 루이스 프로스Luis Prois는 의병에 대해 다음과 같이 말했다.

> 조선의 병사들은 지리에 익숙한 점을 활용 각지에서 매복하는 작전을 펼친다. 일본 군이 진격할 때 300명 미만의 병력으로는 위험하여 도저히 통행하기 어려운 상태인 것이다.
>
> 《일본사(Historia de Japan)》 중에서

건국대학교 사학과 신병주 교수는 의병의 활약 이면에는 바로 성리학 정신이 있다고 설명한다.

"진정한 위기의 순간에도 국가를 위해 분연히 일어날 수 있는 정신은 성리학의 이념에 있던 것들입니다. 그러므로 조선 중기를 특징짓는 시대정신인 선비 정신이 전쟁과 같은 위기 상황에서는 결국 큰 힘을 발휘하였다라고 해석할 수 있습니다."

포르투갈 선교사 루이스 프로스가 쓴 《일본사》

조선은 국가를 이끌 기준과 동력을 외부가 아닌 내부에서 찾았다. 서재에서 연마한 정신문명은 위기의 순간 행동하는 지혜로 이어져 기술문명을 능가하는 힘을 발휘했다.

반면 일본은 외부 기술의 도입과 확장에 더욱 매진했다. 서양의 앞선 기술문명은 그들의 호기심을 충족시켰고, 자신감마저 안겨주었다. 붓과 총, 두 나라의 선택은 달랐고 그 힘은 팽팽했다.

서양의 표류민,
미우라 안진과 헨드리코 하멜

매년 8월, 일본 시즈오카 현 이토 시에서는 축제가 열린다. 400여 년
전, 이 도시에서 일본의 새 역사를 만든 사무라이 '미우라 안진(三浦

17세기부터 일본 바다에는 외국 상선들이 드나들었다.

按針)'을 기념하는 축제이다. 그런데 그의 외모가 남다르다. 금발에 하얀 피부를 지닌 서양인이다. 미우라 안진은 원래 '윌리엄 애덤스 William Adams'라는 이름의 영국인이었다. 향토사학자 기타무라 히로시는 미우라 안진의 본래 목적지가 일본이 아니었다고 설명한다.

위. 나가사키 히라도에 있는 네덜란드 상관 터 표지판
아래. 네덜란드식 담. 히라도에는 지금도 네덜란드식 담과 건물 등이 남아있어 당시 모습을 확인할 수 있다.

"미우라 안진은 영국인으로 네덜란드에서 5척의 선단(船團)과 함께 극동에 왔습니다. 극동 바다를 항해하던 도중 태풍을 만나게 되고 그 바람에 미우라 안진이 탄 선박만 남고 모두 침몰해버립니다."

미우라 안진은 1600년 3월, 일본인들의 도움을 받아 오이타 현 우스키 해안에 상륙했다. 그가 타고 있던 배는 네덜란드 상선(商船)이었다. 미우라 안진은 승무원 중 유일한 영국인이었다. 도쿠가와 이에야스는 오사카로 그를 불러들여 간단한 조사를 마친 후 특별한 제안을 한다. 다른 대륙까지 항해할 수 있는 큰 배 2척을 건조해달라는 부탁이었다. 미우라 안진은 그 제의를 수락했고, 일본인들과 함께 배를 건조하는 작업에 착수했다. 다행스럽게 그는 영국에서 배 만드는 기술을 교육받은 전문기술자였던 것이다. 수개월에 걸친 작업 끝에 마침내 배가 완성되었다. 그것은 대양을 항해할 수 있는 120톤급 상선이었다. 이토 시 국제교류협회 미즈구치 신고 전무의 설명이다.

"당시 막부는 외국과의 무역을 절실히 바라고 있었습니다. 하지만 일본의 배는 내구성이 떨어져 태평양, 즉 거친 파도를 넘을 수 없었습니다. 또한 일본 선박보다는 외국 선박 쪽이 무역을 위해서도 유리하다고 생각했기 때문에 서양식 범선의 건조를 명했던 것입니다."

당시 일본에는 이미 서양의 상선이 드나들고 있었다. 그 사실을 알고 있는 도쿠가와 이에야스는 서양인이 아닌 자신들이 주도권을 가지고 그들과 무역하기를 바라고 있었다. 그는 미우라 안진을 궁성 직속 가신인 '하마모토(旗本)'에 임명한다. 하마모토란 쇼군을 알현할 자격을 가진 사무라이를 말한다. 도쿠가와 이에야스는 서양인이자, 선박 기술자인 그를 사무라이로 인정한 것이다. 그뿐만 아니라 그에게 가나가와 현 요코스카 시에 영지까지 내리는 특혜를 베푼다.

나가사키 북서부에 위치한 히라도(平戸)는 일본 최초의 해외 무역항이었다. 1609년 히라도에 들어온 네덜란드인들은 일본과의 무역을 담당하는 상관을 개설했다. 그들은 아예 히라도에 저택과 공사관까지 짓고 그곳에 머무르며 생활했다.

1613년에는 영국 상선도 입항해 역시 상관을 개설한다. 나가사키의 이 작은 섬을 국제무역항으로 변화시킨 사람이 바로 미우라 안진이었다. 그는 히라도에 정착해

미우라 안진은 히라도에 정착해 외국 선박들과 막부 사이를 오가며 무역을 중개했다.

살면서 외국 선박들과 막부 사이를
오가며 무역을 중개했다. 그를 통해
막부는 서양의 문물을 받아들였다.
이토 시 국제교류협회 미즈구치 신
고 전무는 미우라 안진 덕분에 도쿠
가와 이에야스의 일본 발전에 대한
꿈이 이루어졌다고 설명한다.

"미우라 안진은 서양의 여러
기술을 도쿠가와 이에야스에게 가
르치는 역할을 하게 됩니다. 그 덕
분에 도쿠가와 이에야스는 서양의
문물을 대량으로 유입하는 동시에
작은 나라인 일본의 한계를 극복하
기 위해 외국과의 교역을 중요시하

위 · 아래. 일본에는 외국 선박들이 들어와 교역을 시
작한다.

게 됩니다. 말하자면 그를 통해 도쿠가와 이에야스는 일본을 윤택하
게 만들 방법과 새로운 지식을 획득해야 하는 이유를 깨닫게 된 것입
니다."

그는 일본 여인과 결혼해 살면서 생을 마칠 때까지 일본을 떠나
지 않았다.

조선에도 선박이 난파하는 바람에 불시착한 외국인이 있었다.
미우라 안진이 일본에 상륙한 지 53년이 지난 어느 날, 제주도 서남
부 해안에 외국 상선 한 척이 난파했다. 이 배의 이름은 '스페르 웨
르Sperwer 호'이며, 조선에서의 경험을 《하멜 표류기》로 남긴 네덜란

제주 관덕정. 제주목 관아지

드인 헨드리크 하멜Hendrik Hamel이 타고 있었다. 하멜 일행은 모두 38명에 이르렀다.

　그들이 탄 배는 폭풍을 만나 제주 앞바다에서 난파했다. 조선 사람들에게도 이 서양인들은 낯설고도 흥미로운 존재였다. 그들은 즉시 제주목 관아의 관덕정으로 이송되었다. 제주대학교 사학과 김동전 교수는 그들이 도착 즉시 심문부터 받았다고 설명한다.

　"대정현에 있었던 하멜 일행을 제주목 관아로 데려왔습니다. 그러고는 동헌 마당에 그들을 앉혀놓고 이원진 목사를 중심으로 심문하게 되는 것이죠."

　제주 목사 이원진은 하멜에게 그들의 정체가 무엇인지 물었다.

어느 나라 사람인지 모르겠으나 배가 바다 가운데에서 뒤집혀 살아남은 자는 38명이며, 말이 통하지 않고 문자도 다릅니다. 배 안에는 약재(藥材)·녹비(鹿皮) 따위의 물건을 많이 실었는데, 목향(木香) 94포(包), 용뇌(龍腦) 4항(缸), 녹비 2만 7,000장이었습니다.

파란 눈에 코가 높고 노란 머리에 수염이 짧았는데, 그중 구레나룻은 깎고 콧수염을 남긴 자도 있었습니다. 그 옷은 길어서 넓적다리까지 내려오고 옷자락이 넷으로 갈라졌으며 옷깃 옆과 소매 밑에 다 이어 묶는 끈이 있었으며 바지는 주름이 잡혀 치마 같았습니다. 왜어(倭語)를 아는 자를 시켜 묻기를 '너희는 서양의 크리스천(吉利是段)인가?' 하니, 다들 '야야(耶耶)'라고 하였습니다.

《효종실록(효종4년)》 중에서

그 결과 중요한 사실들이 대부분 밝혀졌다. 하멜은 기독교도였으며, 일본 나가사키로 가는 도중 제주도에 표착한 것이었다. 제주대학교 사학과 김동전 교수는 하멜 일행의 요구는 일본으로 보내달라는 것뿐이었다고 말한다.

"그 당시 조선은 서양의 과학 기술, 특히 군사 무기 관련 기술이 자신들보다 월등하다는 것을 정확히 인식하고 있었던 것이 분명합니다. 그래서 계속해서 하멜 일행이 조선으로 귀화하기를 종용했던 것이고, 그에 따른 여러 가지 보상을

《하멜 표류기》. 하멜이 조선에서 머물면서 겪은 내용을 기록한 책이다.

제공하려고 했습니다. 그런데도 그들은 귀화를 거부했습니다. 그렇다고 조선 입장에서 그들을 경쟁국인 일본으로 보낼 수는 없었습니다."

조선 조정은 이듬해 5월, 하멜 일행을 한양으로 이송한다. 그들은 훈련도감 외인부대(외국인으로 편성된 용병 부대)에 배치되었다. 임진왜란 이후 조선에서는 조총에 대한 관심이 무척 높아졌다. 그리고 신문명에 대한 수용 차원에서 조총 개발이 시작되었다. 북벌(北伐)을 계획하고 있던 효종에게 있어 조총은 반드시 확보해야 할 무기였다. 효종은 훈련도감(訓鍊都監)에 배치된 하멜 일행에게 조총을 개량하도록 명했다.

새로운 체제의 조총을 만들었다. 이보다 먼저 만인(蠻人)이 표류하여 와 그들에게서 조총을 얻었는데, 그 체제가 매우 정교하므로 훈국(訓局)에 명하여 모방해서 만들도록 한 것이다.

《효종실록(효종7년)》 중에서

제주대학교 사학과 김동전 교수는 당시 상황을 이렇게 설명한다.
"그들이 갖고 있었던 여러 가지 지식, 과학기술 등을 조선 조정으로서는 활용하지 않을 수 없었습니다. 효종이 집권할 때만 해도 조선은 상당히 열린 마음으로 그들의 기술을 받아들였습니다."

효종은 총기 개량과 함께 조총병 양성에도 힘썼다. 훈련도감의 중앙병을 중심으로 조총병을 키우고, 지방군까지 조총으로 무장시켜 나갔다. 그 결과 조선의 조총술은 국제적인 수준으로 발전했다.

효종이 죽은 후 하멜 일행은 지방에 분산되어 배치되었다. 그리고 병사가 아닌 노예로 취급되어 고된 생활을 해야 했다.

하멜이 훈련도감에 배치된 지 2년 후인 1658년 신유 장군이 이 끄는 조선 군사 200명은 청나라의 요청으로 러시아와의 전쟁인 흑룡 강(黑龍江) 전투에 파견된다. 청나라는 먼저 러시아에 대포 공격을 퍼붓기 시작했다. 그러나 러시아의 함선이 워낙 견고한 탓에 큰 효과 를 보지 못했다. 청나라는 함선을 적의 배에 밀착시키고, 조선의 조 총병들을 갑판에 전진 배치했다. 조선 조총병들은 적선을 향해 쉴 새 없이 발포했다. 전투는 청나라와 조선 연합군의 완승으로 끝났다.

신유 장군은 이 승리의 순간을 《북정일기(北征日記)》에 세밀하게 기록했다. 이날 러시아 군 사망자는 220명에 이르렀지만 조선 군 전 사자는 8명에 불과했다. 전쟁기념관 박재광 교육팀장은 당시 조선 조총병의 수준이 매우 높았다고 말한다.

"당시 조선의 조총병들은 25~30퍼센트에 가까운 명중률을 보이고 있습니다. 청나라나 일본에 비해서 상당히 우수한 사격 실력을 갖추었던 것입니다. 물론 조선 군 중에서도 가장 우수한 병력이 파견되었다는 특수성은 있겠지만 그렇다고 하더라도 당시 조선 조총병의 사격 실력이 전술적으로 상당한 수준에 있었다는 점만은 부인할 수 없어 보입니다."

임진왜란 이후 시작한 조선의 조총 개량과 운용술은 세계 최강 러시아도 굴복시킬 경지에 올라 있었다. 그러나 변화는 오래가지 못했다. 1659년 효종이 사망하면서 정세는 급변했다. 흉년이 들자 조정은 식량난을 이유로 하멜 일행을 지방에 분산 배치시켰다. 지방관들은 그들을 병사가 아닌 노예로 취급하며 온갖 잡무를 부과했다. 고된 생활을 견디지 못해 하멜 일행 중 1명이 사망하기도 했다.

서양인들을 대하는 한일 양국의 태도는 명확하게 달랐다. 《일본교회사》에서 언급한 대로 일본은 그들을 환대해 문명을 얻었고, 조선은 그들이 가진 기술을 그다지 중요하게 생각하지 않았다.

나가사키 데지마. 하멜 일행은 1666년 조선에 표류한 지 13년 만에 선원 7명과 조선을 탈출해 일본 나가사키에 도착한다.

하멜은 어떻게 되었을까? 1666년 9월 마침내 하멜은 선원 7명과 함께 조선을 탈출하는 데 성공한다. 그들이 도착

네덜란드 상관이 있었던 데지마. 데지마는 부채꼴 모양의 인공 섬이었다.

한 곳은 일본 나가사키였다. 당시 나가사키 데지마에는 네덜란드 상
관이 있었다. 일본은 1641년 히라도에 있던 네덜란드 상관을 데지마
로 이전했다. 그리고 네덜란드인에게만 제한적으로 문호를 개방했다.

데지마는 1만 3,000평방미터 규모로 조성된 부채꼴 모양의 인공
섬이었다. 일본은 당시 쇄국정책을 펴고 있었지만 데지마 만큼은 서
양에 개방했다. 자신들의 정체성을 지키면서도 서구의 문명을 받아
들이고 활용하기 위한 나름대로의 고육지책이었다. 네덜란드를 통해
일본에는 서양의 기술이 밀려 들어오기 시작했다.

《해체신서》와 혼천의의 상이한 운명

후쿠이 현 오바마(小浜) 시에는 유명인의 이름을 딴 공립병원이 있다. 스키타 겐파쿠(杉田玄白), 그는 과연 누구일까? 후쿠이 현립도서관에는 그의 업적이 보관되어 있다. 그는 1774년 일본 최초로 서양의 의학 해부서를 일본어로 번역했다. 그 책이 바로 《해체신서(解體新書)》이다. 후쿠이 현립도서관 마츠이 가즈오 주사는 이 책에 대해서 이렇게 설명한다.

"겐파쿠 등은 서양의 해부서를 구해 실제로 해부해 보고는 그림과 기술이 정확한 데에 매우 감동을 받았습니다. 그래서 그 책을 일본어로 번역하겠다고 결심하기에 이릅니다. 그로부터 3년이 경과한 후 드디어 《해체신서》가 완성됩니다."

스키타 겐파쿠 기념 공립 오바마 공립병원

책에는 인체 해부도와 함께 일본어로 정리한 의학용어와 개념이 정리되어 있다. 물론 번역 작업에는 난관이 많았다. 1770년 그는 동료들과 함께 독일인 의사 요한 아담 쿨무스Johann Adam Kulmus의 의학서를 네덜란드어로 번역한 책을 구해다 일본어로 옮기기 시작했다.

하지만 외국어, 게다가 어려운 의학용어를 번역하는 일은 쉽지 않았다. 서양의 의학용어에 해당하는 일본어는 아예 존재하지도 않았던 상황이었다. 그로 인해 새로운 단어를 만들어나가는 데 많은 시간을 쏟아 부어야 했다. 작업을 시작한 지 1년이 지나서야 하루에 겨우 10줄씩 번역이 가능해졌을 정도였다. 초벌 번역을 마친 그는 그 뒤로 무려 11회나 수정해 3년 만에 일본어판 《해체신서》를 간행한다. 오바마 공립병원 고니시 준지 병원장의 설명이다.

"의학의 근본인 해부 면에서 서양 의학이 동양 쪽보다 훨씬 정확하다는 사실이 일본인들에게 인식되는 순간이었습니다. 그 결과 자연과학 전반에서 서양의 것을 차례대로 도입하게 되지요. 결국 《해체신서》의 번역과 출판을 계기로 여타 서양의 과학과 기술을 잇달아 도입하게 되었던 것입니다."

조선에서도 미약하기는 하지만 변화가 감지되었다. 일본에서

위. 《해체신서》. 일본 최초의 의학 해부서로 스키타 겐파쿠가 일본어로 번역했다.
아래. 일본 최초의 서양 의학 해부서인 《해체신서》에는 인체 해부도와 함께 일본어로 정리한 의학용어와 개념이 정리되어 있다.

《해체신서》가 번역되기 10여 년 전, 조선에 새로운 천체 관측기구가 등장한다. 그것은 우리나라 최초의 기계식 혼천의(渾天儀)였다. 기계식 혼천의는 물을 이용하던 기존 혼천의에서 크게 진보해 시계를 톱니로 연결해 움직이는 방식을 택했다. 서양의 천문학과 역산, 수학의 원리가 응용된 신지식의 결집체였다. 숭실대학교 한국기독교 박물관 한명근 학예사는 혼천의가 주목할 만한 기술이라고 설명한다.

"18세기에 만든 천체 관측기구입니다. 기존 혼천의에 비하면 기계적 원리를 새로 도입한 부분이 가장 먼저 눈에 띕니다. 서양의 과학 지식인 천문학이나 수학, 역산 같은 신지식을 도입하여 만든 것이 주목할 점이며, 그중에서도 톱니바퀴 원리를 이용해서 만든 것이 새롭습니다."

기계식 혼천의. 실학자 홍대용이 서양의 신지식을 도입해 만든 천체 관측기구이다.

기계식 혼천의를 만든 사람은 담헌 홍대용이다. 실학자였던 그는 집안에 농수각(籠水閣)이라는 정자를 지어놓고 천문학을 공부했다. 그의 집은 사설 천문대나 마찬가지였던 것이다. 그는 각종 관측기기를 동원해 천체를 관측했다. 18세기 이 조선 실학자의 관심은 이미 우주에 닿아 있었다.

그는 35세에 숙부를 따라 북경(현재 베이징)에 3개월간 머무르며 서양 근대 사상에 눈을 떴다. 그는 북경에서 청나라의 관상대를 여러 번 견학하면서 천문학에 대한 지식을 넓혔다. 당시 조선 사대부들은 '오

위. 중국 베이징의 옛 관상대. 홍대용은 중국에 갔을 때 이곳을 여러 번 방문해 지식을 넓혔다.
아래. 《담헌서》. 홍대용이 청나라에서 보고 들은 내용을 연구해 자신의 이론으로 발전시켜 쓴 책이다.

랑캐'인 청나라에게 배울 수는 없다며 그들의 학문까지 배척하고 있었다. 그러나 그의 눈에 비친 청나라는 미개한 나라가 아니라 세계 각국의 지식이 모여드는 학문의 집합지였다. 홍대용은 귀국 후 청나라에서 보고 들은 내용을 연구해 자신의 이론으로 발전시키고 이를 책으로 기록했다. 그 결과 그는《담헌서(湛軒書)》에서 동양 최초로 지동설(地動說)을 주장하기에 이른다.

무릇 땅덩이는 하루에 스스로 한 바퀴를 도는 데 땅 둘레는 9만 리(약

3만 5,000킬로미터)이고 하루는 12시간이다. 9만 리 넓은 둘레의 땅이 12시간 동안 도는 데 그 속도는 번개나 포탄보다도 더 빠른 셈이다.

《의산문답(醫山問答)》 중에서

동양대학교 사학과 노대환 교수는 홍대용의 성취가 당대 최고 수준에 이르렀을 정도였다고 설명한다.

"지구가 스스로 돈다는 지전설(地轉設)을 주장했고, 자기 나름대로의 과학적인 이론을 통해서 지구가 둥글다라는 이야기도 했습니다. 그의 이런 천문역학적인 주장은 당시 중국이라든지 다른 국가들의 동시대 지식인들과 비교해도 뒤지지 않는 굉장히 뛰어난 수준의 성과라고 평가할 수 있습니다."

우주의 원리를 알아내기 위해 지식의 국경을 넘었던 조선의 천재 과학자. 그러나 당시 조선은 근대 과학에 눈뜨기에는 그 지식 기반이 너무도 미약했다. 결국 홍대용의 사상은 개인적인 성취에만 머무르고, 국가 정책으로는 받아들여지지 않는다.

반면 일본에서는 《해체신서》의 출간을 계기로 난학(蘭學), 즉 네덜란드의 학문을 배우려는 열풍이 분다. 자생적 연구기관인 난학연구소까지 생겼을 정도였다. 의학에서 시작된 관심은 과학과 어학 등 학문 전반적인 영역으로 퍼져 나가고 있었다. 이 현상에 대해서 오사카대학교 대학원 문화연구과 무라타 미쓰히토 교수는 이렇게 말한다.

"에도, 오사카, 교토 등 각지에서 서양 문물과 사상을 배우려는 학원들이 하나둘 설립되기 시작했습니다. 그것들을 막부가 설립한 것은 아니었습니다. 물론 다이묘가 지배하던 번에서는 지원에 힘입어

좌. 난학을 공부하는 사람들.
아래. 일본 곳곳에 들어선 난학연구소는 근대
교육의 본산 역할을 한다.

정책적으로 설립된 사례도 있습니다. 하지만 오사카나 교토 등지에서
는 국가의 도움 없이 자생적으로 설립되었다고 말할 수 있습니다.”

막부와 일부 지방 영주들이 관심을 갖기 시작하면서 난학연구소
는 비로소 정책적으로 지원받기 시작한다. 곳곳에 들어선 수십 개의
난학연구소는 일본 근대 교육의 산실이었다. 난학연구소에서 배출한
학자들은 일본 전역에 신학문을 전파하기 시작했다.

1858년 도쿄에는 일본 최초의 종두소가 세워졌다. 에도의 난학
자 82명이 자금을 모아 세운 자생적 의료 기관이었다. 종두소(種痘所,

1877년 건립된 도쿄대학교 의학부. 이곳은 종두소가 일본 제1의 의학 교육기관으로 변모한 것이다.

서양 의학을 보급하고 천연두 예방을 목적으로 설립한 의료 시설)는 국민들을 상대로 천연두 접종을 보급해 일본 천연두 박멸의 거점으로 자리 잡았다. 그리고 훗날 일본 제1의 의학 교육기관으로 변모한다. 그 기관이 바로 도쿄대학교 의학부이다. 일본 최고 엘리트 양성 기관의 뿌리, 그것은 결국 난학인 것이다. 나가사키 역사박물관 히라카 류지 선임연구원은 이에 대해 이렇게 설명한다.

"연구가 축적되고 많은 정보들이 쏟아져 나오면서 서양 지식 전체에 대한 이해도가 높아지게 됩니다. 이러한 과정을 거쳐 일본은 도쿠가와 막부에서 메이지시대로 이행하게 됩니다. 메이지시대로 이행하여 새로운 세상을 건설할 때에도 난학 열풍이 존재했기 때문에 혁명에 가까운 과정이 비교적 원활하게 수행될 수 있었다고 생각합니다."

국가 전체를 뒤바꾼 서양의 문명을 동력 삼아 일본은 근대로 질주해갔다. 그러나 민중의 요구보다 집권 세력의 교체에 성급했던 일본의 근대화는 천황의 제국주의로 변질되어갔다. 러일전쟁을 승리로 이끌면서 일본 지배층은 무력으로 모든 것을 지배할 수 있다는 군국주의의 망상에 빠졌다. 변화로 일그러진 욕망을 가진 그들은 한반도를 노렸다. 서양 기술을 받아들이는 데 실패한 한반도의 운명은 그야말로 바람 앞의 등불이나 마찬가지였다.

다네가시마_____다네가시마(種子島)는 규슈 남쪽에 자리한 작은 섬이다. 인구도 3만 5,000명 밖에 되지 않으며 자랑할 만한 것이라고는 고구마와 참치 어업밖에 없는 곳이다. 하지만 이 작은 섬이 일본과 우리나라의 역사를 송두리째 바꾸어놓았다.

1543년 포르투갈의 여행가 F. M. 핀토를 태운 배가 다네가시마에 표류해왔다. 당시 도주로 있던 이는 다네가시마 도키타카(種子島時堯)였다. 그의 시선을 단번에 사로잡은 것은 핀토가 가지고 있던 조총이었다. 그는 조총의 위력을 알아보기 위해 거액을 주고 2정을 구입한다. 그리고 도공인 야이타 긴베 기요사다에게 명령해 조총을 만들도록 한다.

그는 이 과정에서 조총 기술을 확보하기 위해 자신의 딸을 포르투갈 사람과 정략결혼시킨다. 이는 조총을 향한 그들의 집념을 확인할 수 있는 장면이다. 도주는 그렇게 만들어진 조총을 가신들에게 나누어주어 사용법을 익히게 했다. 조총은 얼마 지나지 않아 인근인 사카이(坂井), 네고로(根來) 등지에서 대량 생산된다.

나가시노 전투를 그린 그림. 일본의 전국시대를 마감하는 전쟁이었으며, 처음으로 오다 노부나가가 조총을 이용해 승리한다.

조총은 일본의 전국시대를 마감하는 데 기여했다. 조총을 통한 전술의 변화가 가장 극명하게 드러났던 전투는 바로 오다 노부나가와 다케다 가쓰요리가 혈투를 벌인 나가시노 전투였다. 오다 노부나가는

좌. 일본 조총. 포루투칼 여행자 F. M. 핀토가 표류해 일본에 들어오면서 유입되었다. 그 이후 일본은
조총을 제조 및 개량하면서 빠르게 발전시킨다.
우. 다네가시마 도키타카. 다네가시마의 도주였으며 조총을 입수해 기술을 습득해 보급한다.

조총 3,000여 정으로 기마병이 중심인 다케다 가쓰요리의 군대를 완
전히 무력화시켰다. 당시 사용했던 조총의 성능은 유효 사거리는 50
미터, 살상 가능 거리는 200미터, 최대 사거리가 500미터 정도였다.
나가시노 전투를 계기로 일본 군의 전술은 완전히 바뀌었다. 기병 체
제에서 보병 체제로 전환된 것은 물론, 기존에 험준한 지형에 성을
쌓던 관행도 조총 공격에 유리한 평지에 성을 쌓는 것으로 바뀌었다.
이 모든 것을 가능하게 했던 것이 다네가시마에서 구입한 조총 두 자
루였다. 일본에서 조총을 다네가시마라고 부르는 데에는 이러한 역
사적 배경이 있다.

나선정벌_____1654년 7월(효종5년) 2일자 《효종실록》에는 나선 격파에 대한 기사가 등장한다.

북우후(北虞候) 변급이 청병(淸兵)과 함께 나선을 격파하고, 군사를 거느려 영고탑(寧古塔)으로 귀환하였다.

나선은 현재 러시아를 말한다. 1651년 러시아는 당시 국고 수입의 10퍼센트 가량을 차지했던 담비 모피를 획득하기 위해 흑룡강과 송화강 일대까지 진출한다. 청나라는 자신들의 성역을 지키기 위해 군사를 보내 이들을 축출하려고 하지만 실패로 끝난다.

러시아 총포의 위력 앞에 청나라 병사들이 일방적으로 당하고만 것이다. 러시아의 남진을 저지하지 못한 청나라는 조선에 도움을 요청하기에 이른다.

1654년 2월, 청은 사신 한거원을 보내 조총군 100명을 보내줄 것을 요구한다. 이에 조선은 함경 북우후 변급을 사령관으로 임명한 뒤 조총수 100명을 뽑아 영고탑으로 보냈다. 조선 군대가 러시아 군대와 마주한 것은 4월 28일의 일이었다. 청나라 군대를 무력화시킨 러시아가 조선의 군대를 두려워할 이유는 없었다. 곧바로 정면 승부가 벌어졌는데 뜻밖에도 승리는 조선이 거

《기효신서》. 중국 명나라 장군이 지은 병서로 조선 군을 정비하는 데 기본이 되었다.

머쥐었다.

잘 훈련된 조선의 조총수
들은 러시아를 압도했다. 결국
러시아는 막대한 피해를 입고 7
일 만에 후퇴하고 만다. 앞서
언급한 기사는 이때의 상황을
설명하고 있는 것이다. 임진왜
란 때 일본의 조총에 속수무책
으로 당하기만 했던 것과는 전

조선시대의 조총. 임진왜란 이후 조선은 훈련도감을 설치하고, 포수 양성에 주력한다. 그리고 이 부대는 나선정벌에 투입되면서 큰 전과를 올리게 된다.

혀 다른 상황이다. 어떻게 이런 일이 가능했던 것일까?

임진왜란을 통해 조총의 위력에 눈을 뜬 조선은 훈련도감을 설
치하고, 포수 양성에 주력하기 시작했다. 중국 명나라 장군 척계광이
지은 병서 《기효신서(紀效新書)》를 통해 포수, 사수, 살수의 삼수군으
로 군대를 정비했으며, 조선 인조 때 표류해온 네덜란드 선원 박연
등을 통해 서양의 앞선 총포 기술을 습득해나갔다.

효종 대에 이르러 훈련도감은 더욱 강화된다. 효종의 궁극적인
목표는 북벌, 즉 청나라를 공격해 그동안 당한 치욕을 갚는 것이었
다. 효종은 지금껏 문신이 맡아왔던 군사에 관련된 일들을 무신에게
맡긴다.

무인을 등용하는 도는 차라리 거칠고 사나워 지나칠지언정 나약하고
옹졸해서는 안 되는데, 오늘날 비국의 낭청이 슬기롭고 힘 있는 자를
뽑지 않고 단지 글만 아는 영리한 자를 뽑다보니 모두 서생뿐이다. 그

러나 긴급하게 적을 상대할 때 서생을 쓸 수 있겠는가.

《효종실록(효종3년)》 중에서

효종은 친위군인 금군의 숫자도 늘리고 창덕궁 담장을 헐어 병사들의 훈련장으로 제공했다. 이러한 노력의 결과 상당한 무장 병력을 갖추게 된 것이었다. 그러나 이미 초강대국이 된 청나라를 공격하기는 쉽지 않았다. 결국 효종이 양성한 군대는 청나라를 공격하는 대신 청의 요구에 따라 러시아와의 전투에 투입된다. 그것이 바로 훗날 나선정벌(羅禪征伐)이라고 불리는 전투였다.

나선정벌은 1차로 끝나지 않았다. 1658년 청나라는 조선에 또한 차례 조총수의 파견을 요구하게 되고, 조선은 이에 응해 합북 병마우후(兵馬虞候) 신유를 사령관으로 임명한 뒤 200명의 조총수를 보낸다. 이것이 2차 정벌이다. 1차 때에 비하면 약간의 병력 손실은 있었지만 결국 조선의 승리로 끝났다. 그리고 조선은 이러한 실적에 크게 고무되었다. 이는 전투를 승리로 이끈 변급에게 내린 처우를 보면 알 수 있다.

변급이 외로이 군사를 거느리고 이역(異域)에 깊이 들어갔다가 군사들을 온전히 데리고 돌아왔으니 상이 없을 수 없습니다. 병조로 하여금 논상하게 하소서. 군인들은 거주지 고을로 하여금 호역(戸役)을 면제하게 하고 쌀과 베를 하사하게 하는 한편 호궤(犒饋)를 실시하여 위로하게 하소서.

《효종실록(효종5년)》 중에서

그러나 승리의 기쁨은 그것으로 끝이었다. 효종의 갑작스러운 사망과 함께 북벌 또한 유명무실하게 되고 조총수들도 역사 속의 이름 없는 존재가 되고 만다.

조선은 조총의 도입에서 일본에 크게 뒤졌다. 임진왜란을 겪은 뒤에야 절치부심, 조총수를 양성하지만 이 또한 청을 위한 전쟁에 투입된 것이 전부였다. 조총에 얽힌 슬픈 역사가 아닐 수 없다.

5 장

/

대결[對決]

서로 다른 대응 방식의 결과

인류가 전쟁을 전멸시키지 않으면 전쟁이 인류를 전멸시킬 것이다.

전 미국 대통령 존 F. 케네디

일본 도쿄경제대학교 도서관에 보관된 한 장의 그림이 우리의 눈길을 사로잡는다. 19세기 말, 일본 고위 관료들이 한반도의 운명을 두고 치열하게 격론을 벌이는 모습을 담은 〈정한론지도(征韓論之圖)〉라는 그림이다. 참석자 중 가장 강경한 주장을 펼쳤던 사람은 바로 육군대장인 사이고 다카모리(西鄉隆盛)이다. 그는 동료에게 쓴 편지에서 자신의 생각을 이렇게 밝힌다.

모두가 들고 일어나 토벌해야 한다.

일본 국민 모두가 토벌에 나서야 한다는 것이다. 그가 생각하는 토벌의 대상은 뜻밖에도 조선이었다. 그는 일본 내부의 위기를 극복하기 위해 한반도를 정복해야 한다는, 이른바 정한 논쟁의 주역이었던 것이다. 이는 일본과 조선의 새로운 '대결'이 시작되는 순간이었다.

부산 초량 왜관에 걸린 일장기

부산 시민들의 사랑을 한 몸에 받는 용두산 공원의 과거는 지금의 자유로운 이미지와는 사뭇 거리가 있다. 임진왜란 후 조선의 대일 외교 창구인 왜관이 있었던 곳이 바로 지금의 용두산 공원이기 때문이다. 부산대학교 사학과 김동철 교수는 초량 왜관에 대해서 다음과 같이 설명한다.

"초량 왜관(草梁倭館)이 바로 지금의 용두산 공원 일대에 있었습니다. 1678년에 만들어진 초량 왜관은 동관과 서관으로 되어 있었습니다. 용두산 공원을 중심으로 바닷가 쪽이 동관이고, 동관의 가장 중심 되는 곳은 왜관의 우두머리가 살고 있었던 관수가(館守家)라고 하는 곳입니다."

공원에는 지금도 초량 왜관의 흔적이 남아있다. 왜관의 최고책임자가 살던 관수가의 계단이 바로

부산 용두산 공원. 이곳은 17세기 초량 왜관이 있었던 곳이다.

〈정한론지도〉. 19세기 말 일본 고위 관료들이 한반도의 운명을 놓고 치열하게 격론을 벌이는 장면을 그렸다.

그것이다. 조선시대 용두산 일대는 '초량'으로 불렸다.

1783년 변박이 그린 〈초량 왜관도(草梁倭館圖)〉에 당시 왜관의 모습이 잘 표현되어 있다. 왜관은 일본 사신들의 숙소이자, 상인들의 무역관이기도 했다. 관수가에는 조선과의 외교 업무를 담당한 일본인 관리가 거주하고 있었다. 조선이 직접 설치하고 관리한 초량 왜관은 명실상부한 조선 후기 대일 외교의 중심지 역할을 해왔다. 초량 왜관의 기능에 대해서 부산대학교 사학과 김동철 교수는 이렇게 설명한다.

"임진왜란 이후에는 왜관이 오직 부산 한 곳에만 있었습니다. 그런 의미에서 부산에 설치된 초량 왜관은 한일 교류의 중심지, 즉 외

〈포산항견취도〉. 〈초량 왜관도〉보다 100여 년 뒤에 일본인이 그린 그림으로 왜관의 지명이 일본어로
적혀 있다.

교와 무역 양쪽 모두에서 중대한 역할을 수행하던 곳이었습니다."

초량 왜관은 규모도 무척 컸다. 33만 평방미터라는 규모는 일본
이 자랑하는 데지마의 네덜란드 상관의 30배에 달했다. 초량 왜관은
그 규모에 걸맞게 1678년 이후 200년 동안 일본과의 교역에 있어 가
장 중요한 역할을 했다.

그런데 부산 초량 왜관을 그린 그림 한 장이 더 있다. 앞서 설명
한 〈초량 왜관도〉보다 100여 년 뒤인 1881년 조선인이 아닌 일본인이
그린 〈포산항견취도(浦山港見取圖)〉라는 그림이다. 그런데 그림 속
왜관의 모습은 〈초량 왜관도〉의 그것과는 전혀 다르다. 왜관의 모든
지명이 일본어로 적혀 있는 것은 그림을 그린 사람이 일본인이므로

그럴 수도 있는 일이다. 하지만 관수가는 일본식 건물로 바뀌었고, 그 건물에는 일장기까지 걸려 있다. 엄연한 조선의 영토인 왜관이 아예 일본 땅으로 바뀌어버린 것이다. 불과 100여 년 사이, 초량 왜관에는 도대체 무슨 일이 있었던 것일까?

그동안의 변화를 살피기 위해서는 1872년으로 돌아가야 한다. 1872년, 초량 왜관에 갑작스럽게 일본 군이 나타났다. 그들은 기습적으로 왜관을 점령했다. 당시 이 작전을 지휘한 사람은 일본 외무성 관리인 하나부사 요시모토(花房義質)였다. 일본은 왜 외무성 관리를 지휘자로 삼아 조선의 왜관을 무단 점령하는 작전을 펼친 것일까?

이 사건의 발단을 짐작하게 해주는 문서 하나가 있다. 서계(書契), 즉 일본 정부가 조선에 보낸 외교문서이다. 외무성 외교사료관의 간토 하루히코 외무사무관은 이 서계를 국서로 보고 있다.

"메이지 신정부가 조선에 보낸 국서입니다. 정권이 막부에서 천황으로 이행되었다는 내용을 일본 정부가 대마도주를 통해 조선에 보낸 것이지요."

그런데 서계의 양식이 이전과는 전혀 달랐다. 늘 쓰던 조선의 도장이 아닌 일본 정부의 도장이 찍혀 있었고, 조선 관리에 대한 호칭도 '대인(大人)'에서 '공(公)'으로 격하되어 있었다. 무엇보다 충격적인 것은 일본 왕이 스스로 '황제'라고 칭하는 것이었다. 조선으로서는 납득하기 어려운 문서였다. 부산대학교 사학과 김동철 교수는 서계에 대해 이렇게 설명한다.

하나부사 요시모토. 일본 외무성 관리로 1872년 초량 왜관을 기습해 점령한 지휘자였다.

《용호한록》. 일본의 일방적인 통고에 대한 조선의 강경한 대응이 잘 나타나 있다.

　　"지금껏 조선은 양국 관계를 조선의 국왕 대 일본의 국왕의 관계, 즉 대등한 파트너로 여겨왔습니다. 그런데 새로 작성된 외교문서 속에서는 대등한 관계가 아니라 황제국(皇帝國) 대 제후국(諸侯國)의 관계를 떠올리게 하는 표현들이 의도적으로 사용되었습니다. 이것은 양국 관계가 대등한 관계가 아닌 주종 관계라는 것을 명확히 표현하고 있는 것이지요. 조선으로서는 용납할 수 없는 일이었습니다. 그 때문에 조선에서는 서계를 거부한 것은 물론이고, 사용된 표현의 수정을 요구했습니다."

　　일본의 일방적인 통고에 대한 조선의 대응이 잘 나타나 있는 책이 있다. 조선 후기 문신인 송근수가 쓴 것으로 추정되는 일기체의 《용호한록(龍湖閒錄)》이다. 이 책에는 당시 조선의 입장이 강경했음이 잘 드러나 있다.

　　서계를 받아서는 안 된다.

《용호한록》 중에서

　　결국 조선은 문제가 된 일본의 서계를 받지 않았다. 그렇다면 조선은 왜 그토록 강경한 반응을 보였을까? 그러기 위해서는 먼저 당시 조선의 정치적 상황을 이해해야 한다. 조선의 실권자는 왕이 아니었다. 고종의 아버지인 흥선대원군(興宣大院君)이 섭정으로 조선을 통치하고 있는 특수한 상황이었다. 그러므로 일본에 대한 강경 대응은 바로 대원군의 뜻이었다. 그가 서계를 거부한 이유는 무엇이었을까?

일단 서계를 받으면 친교(親交)를 거절하는 답을 줄 수밖에 없다.

《일본외교문서집》 중에서

그렇다. 서계를 받게 되면 일본과의 외교는 무조건 끊어야 했다. 조선이 일본보다 아래라는 것을 공식적으로 인정할 수는 없는 노릇이었다. 조선은 서계가 결국 전쟁을 일으키려는 일본의 술책임을 간파하고, 되도록이면 양국 관계를 해치지 않는 범위에서 이를 피하고자 노력했던 것이다.

우리를 몰아붙이는 것은 우리가 전쟁을 일으키게 하는 술책이다.

《일본외교문서집》 중에서

도카이대학교 아시아문명학과 요시노 마코토 교수는 일본이 실수로 조선에 이러한 서계를 보낸 것은 아니었다고 분명히 강조한다.

"황(皇)이라는 용어를 사용한 서계는 메이지 정부가 조선과의 외교에 익숙하지 않아서 등장한 것은 아닙니다. 그러한 내막을 알기에 대마도주는 문제가 발생하리라는 것을 알면서도 이 문서를 조선에 전달할 수밖에 없었

흥선대원군. 당시 조선의 실권자로 일본의 서계를 받지 않았다.

일본 황궁. 메이지유신으로 막부 정권이 막을 내린 후 천황 중심의 중앙집권 체제를 만들기 위해 일본은 조선을 침략하려는 계획을 세운다.

습니다. 따라서 이 서계의 형식에는 메이지유신으로 수립된 정부의 명확한 의사가 포함되어 있다고 생각합니다."

일본은 집요하게 조선의 서계 수리(受理)를 요구했다. 그러나 대원군은 문구의 수정을 요구하며 끝내 서계를 받지 않았다. 당시 일본은 200년 넘게 지속된 막부 정권이 무너지고, 실권을 쥔 천황이 새롭게 등장한 때였다. 일본은 나라의 격이 이전과는 달라졌으니, 조선 또한 일본을 그에 맞게 예우해야 한다고 억지를 부렸다. 그러나 조선의 입장은 강경했다.

조선이 좀처럼 뜻을 굽히지 않자 일본은 마침내 칼을 빼든다. 일본은 하나부사 요시모토를 조선에 보내 무력으로 왜관을 점령하게 했다. 조선의 땅에 세워진 조선의 재산을 강제로 빼앗은 것이었다. 김동철 교수는 이 침략으로 한일 양국 간의 우호 관계는 완전이 끝이 났다고 말한다.

"선린우호(善隣友好) 관계라고 하는 것은 자국의 이해관계 앞에 서는 언제든 무시될 수 있는 허울 좋은 것이었다는 사실이 만천하에 드러난 사건입니다. 실제로 왜관 점령 사건 이후 양국 간의 교린 관계는 급속히 무너지게 됩니다."

페리 제독과 흥선대원군

매년 7월, 일본 가나가와 현 요코스카에서는 성대한 축제가 열린다. 축제의 주인공은 미국의 매슈 캘브레이스 페리Mattew Calbraith Perry 제독이다. 이 축제를 통해 일본은 1853년 페리 제독의 일본 상륙을 기념하고, 미국과의 친선 우호관계를 과시한다. 가나가와 현 요코스카 시 히로카와 사토미 부시장이 전하는 축제의 의의가 다소 의외로 다가온다.

"진정한 의미에서 일본인이 세계로 눈을 돌리고 앞서가는 세계를 따라잡을 기회를 제공한 순간을 기억하는 것입니다. 즉 미국을 모델로 삼고 그 뒤로 유럽 국가들을 모델로 삼아 세계의 문화를 흡수하여 세계 일류 국가가 되자고 결심하게 되는 때입니다. 그러므로 이 행사는 진정한 의미

일본 가나가와 현 요코스카. 1853년 미국의 페리 제독이 이곳에 상륙한다.

에서 근대화가 이루어지기 시작하는 순간을 기념하는 것입니다."

일본은 150여 년 전 일본의 문호를 강제로 개방하게 했던 미국의 페리 제독을 일본 근대화의 은인으로 추앙하고 있다. 그러나 150여 년 전만 해도 페리 제독에 대한 일본인들의 생각은 지금과 정반대였다.

시모다 개국박물관에는 당시 그려진 페리의 초상화가 남아있다. 미국의 무력에 굴복해 강제로 개항한 후, 시즈오카 현 시모다 항구의 화가들이 점령군이나 다름없는 페리 제독을 그린 것이다. 그런데 페

위. 미국의 매슈 페리 제독
아래. 당시 시모다 현의 화가들은 페리 제독을 도깨비로 묘사했다.

리의 얼굴이 하나같이 무섭고 공포스럽다. 이 그림들의 의미는 명확하다. 당시 일본인들에게 페리는 두려움의 대상이었지, 추앙의 대상이 아니었다. 시모다 개국박물관 오가타 마사미 박물관장은 이를 막부의 의도와 연결 짓는다.

"그 당시 무역은 중국, 한국과 주로 이루어졌고 서양 국가로는 오직 나가사키 한 곳에서만 네덜란드와 교역했습니다. 그 이외의 국가가 일본에 들어오는 것을 막부는 절대적으로 막고 싶어 했습니다. 막부는 그러한 정책을 유지하기 위해 네덜란드 이외의 미국, 유럽인들은 무서운 존재라는 생각을 서민들에게 심어주려고 애를 썼습니

19세기 말 일본 바다에는 흑선이라고 부르는 서양의 검은 증기선이 자주 출몰했다.

다. 그 결과 미국인인 페리의 초상화를 도깨비 같이 표현하게 된 것입니다."

19세기 말이 되자 일본 바다에는 서양 배들이 자주 나타났다. 하지만 쇄국정책을 고수하던 일본 막부는 문을 열지 않았다. 그들은 서양의 검은 증기선을 '흑선(黑線)'이라고 부르며 두려워하고 경계했다.

1853년 7월, 미국의 페리 제독이 그들이 무서워 하던 흑선을 타고 일본에 들어왔다. 페리는 압도적인 전투력을 바탕으로 수교를 요구했다. 수교를 하지 않으면 전쟁도 불사하겠다고 일본에 협박해왔다. 도쿄대학교 일본근대사 전공 미타니 히로시 교수는 페리의 요구는 단순한 협박이 아니었다고 말한다.

"실제로 페리 제독은 무슨 짓을 해서라도 개항할 생각을 갖고 있었습니다. 만약 일본이 개항하지 않는다면 전쟁까지 일으킬 작정이었죠. 그래서 일본은 전쟁을 피하기 위해서라도 항구를 개항할 수밖에 없었습니다."

페리 제독의 등장으로 일본열도는 충격에 빠졌다. 페리 공원에는 당시 막부가 미국 전함을 얼마나 두려워했는지 심경을 드러내는 글귀가 지금도 그대로 남아있다.

태평을 깨우는
증기선 4척에
잠 못 이루고

1854년, 페리 제독은 7척의 배를 이끌고 다시 일본을 찾았다. 일본 막부는 페리 군대의 위협에 무기력하게 굴복했다. 페리는 조약 체결을 강요하며, 일본 막부가 지켜보는 가운데 대규모 포사격 훈련을 했다. 군사적인 위협은 성공을 거두었다. 일본은 결국 더 이상 버티지 못하고, 미일화친조약(美日和親條約)을 체결한다.

미국의 최혜국 지위를 보장하며, 영사 주재 및 무역을 제한적으로 허용하는 것이 조약의 골자였다. 하지만 미국의 요구는 그것으로 끝나지 않았다.

위. 페리 제독은 일본 막부가 지켜보는 가운데 대규모 포사격 훈련을 한다. 그리고 일본은 결국 손을 들어 미일화친조약을 체결한다.
아래. 일본은 결국 손을 들어 미일수호조약을 체결한다. 하지만 이 조약은 불평등조약이었다.

미국은 완전히 자유로운 통상이 이루어지기를 원했다. 일본은 무역의 전면 자유화와 개항장의 추가 개방, 그리고 외국인에 대한 영사재판권 인정 등을 약속했다. 그리고 4년 뒤 1858년, 미일수호통상조약(美日修好通商条約)이 체결된다. 한마디로 미국의 강압에 의한 불평등조약이었다. 세종대학교 일본학과 호사카 유지 교수는 불평등조약에 대해 이렇게 설명한다.

"불평등조약의 핵심은 2가지입니다. 하나는 관세 자주권이 없는 것이고, 다른 하나는 치외 법권의 보장, 즉 미국 사람이나 서양 사람들이 일본 내에서 범죄를 저질러도 재판할 수 없다는 것입니다. 그 때문에 지금껏 각자의 방식으로 국가의 장래를 염려하던 지식인들은 불평등조약 때문에 일본의 미래가 상당히 어두워졌다는 전망을 내놓게 됩니다. 일본의 몰락이 가속화될 것이라는 의견이었던 것입니다."

미국과의 조약 체결 후, 일본은 영국, 프랑스, 네덜란드 등의 서구 열강들과 잇달아 조약을 체결한다. 일본은 서양에 완전히 굴복했던 것이다.

일본에 서양 배들이 나타날 무렵, 조선에도 이양선(異樣船)들이 오기 시작한다. 예로부터 강화도는 한반도의 길목에 해당되는 곳이었다. 서양의 이양선들이 가장 먼저 나타난 곳도 강화도였다. 1866년 미국 상선 제너럴셔먼 호가 평양의 대동강에서 조선 군에 격침당하자, 미국은 그로부터 5년이 지난 1871년 군함 2척을 끌고 강화도에 나타난다. 미국은 제너럴셔먼 호에 대한 손해배상과 통상 수교를 요구하며, 강화도 초지진과 광성진을 무력으로 점령했다. 큰 희생을 치렀지만 조선은 굴복하지 않고, 격렬하게 맞서 싸웠다.

위·아래. 19세기 말 조선에도 이양선들이 접근하기 시작한다.

신미양요(辛未洋擾)라고 부르는 이 전투를 통해 조선은 큰 희생을 치렀지만 마지막까지 미국에 굴복하지 않았다. 전쟁을 배후에서 지휘한 것은 당시 실권자인 흥선대원군이었다. 미국이 물러난 후 대원군은 전국에 척화비(斥和碑)를 세우며, 강경한 쇄국 의지를 천명했다. 서양과 화친하는 것은 나라를 팔아먹는 것이나 다름없다는 것이 대원군 정부가 표명하는 정책의 핵심이었다.

서양 오랑캐가 침범하니 싸우지 않으면 화친이 있을 뿐이다. 화친을 주장함은 나라를 팔아먹는 것이다.

〈척화비〉의 비문

위·아래. 신미양요로 인해 사망한 조선인들 모습. 미국은 무기로 무장하고 강압적으로 통상을 요구하지만 조선은 굴복하지 않고 격렬하게 맞서 싸운다.

그런데 이 사건에 대한 세종대학교 일본학과 호사카 유지 교수의 설명이 조금은 역설적으로 다가온다.

"당시 일본은 조선을 정말로 강하다고 느꼈습니다. '대원군의 위정척사(衛正斥邪) 사상이 엄청난 힘을 발휘하고 있다'고 평가하고 있었습니다. 사실 일본은 이 부분에 있어 열등감이 무척 심했습니다. 제대로 싸워보지도 못하고 미국의 페리에게 완전히 굴복했다고 느꼈기 때문입니다."

일본 내부의 위기,
정한론으로 치닫다

일본 막부가 서양에 무기력하게 굴복당한 후, 일본 지식인들은 국가
의 미래에 대한 큰 위기의식에 사로잡혔다. 지금은 아파트가 자리한
도쿄의 곤겐야마(権現山)에 그 위기의식이 일으킨 역사적 흔적이 있
다. 막부 말기, 이 공원에는 영국 공사관
이 들어설 예정이었다. 그러나 영국 공사
관은 완공되지 못한다. 공사 중이던 건물
에 누군가 불을 질렀기 때문이다.

　방화에 가담한 인물의 이름이 우리
의 이목을 끈다. 그는 바로 이토 히로부
미였다. 개항 후 일본은 건국 이래 최대
의 위기를 맞고 있었다. 서양과의 관계에
있어 막부는 전혀 목소리를 내지 못하고
있었다. 결국 서양에 무기력하게 무릎 꿇
은 막부를 몰아내자며, 전국 각지에서 막

이토 히로부미. 당시 설립 중인 영국 공사관
건물에 불을 질렀다.

개항 후 공황에 빠진 일본 젊은 지식인들을 배출해낸 쇼카손주쿠학원

부 타도 운동이 일어났다.

젊은 지식인들은 일본의 미래에 대해 깊은 고민에 빠졌다. 개항기 일본의 지도자들을 다수 배출해낸 곳이 바로 쇼카손주쿠(松下村塾)학원이다. 영국 공관에 불을 지른 이토 히로부미도 바로 쇼카손주쿠에서 공부했다.

가난한 농민의 아들로 태어난 이토 히로부미는 무사의 집안에 양자로 들어감으로써 하급무사의 신분을 얻는다. 쇼카손주쿠에서 이토 히로부미를 가르친 사람은 바로 요시다 쇼인(吉田松陰)이라는 학자였다. 쇼인 신사의 우에다 도시시게 궁사는 이렇게 설명한다.

"요시다 쇼인은 인간으로서 어떻게 살아갈 것인가, 그리고 일본인으로서 어떻게 살아갈 것인가를 가르침의 출발점으로 삼았습니다. 막부 말기 동란기에 이 주제를 놓고 제자들과 수없이 많은 토론을 벌였습니다."

요시다 쇼인은 구체적으로 제자들에게 무엇을 가르쳤을까? 그는 일본의 위기를 극복할 수 있는 방법을 제시했다. 그의 생각이 정리된 책이 바로《유수록(幽囚錄)》이다.《유수록》은 미국 상선을 타고 밀항하려다가 실패해 감옥에 수감되었을 때 요시다 쇼인이 쓴 책이다. 책에 담긴 내용이 꽤 섬뜩하다.

지금 급히 군사력을 키우고 전함을 갖추고 대포를 충분히 해서 국력을 키운다. ……조선을 꾸짖어 조공을 바치게 해 옛날의 융성할 때와 같게 한다.

《유수록》 중에서

일본은 서둘러 군사력과 무력을 강화해야 한다, 그리고 곧장 조선을 공격해야 한다. 이것이 요시다 쇼인의 해법인 정한론이었다. 한국근현대사를 전공한 경희대학교 허동현 교수는 정한론 속에서 약육강식의 논리를 읽어낸다.

"약육강식의 논리로 보자면 힘이 약한 일본이 서양에게 밀리는 것은 당연한 것입니다. 그러므로 서양에 머리를 숙이고

요시다 쇼인. 그는 이토 히로부미의 스승이었다.

《유수록》. 미국 상선을 타고 밀항하려다가 실패한 요시다 쇼인이 감옥에서 집필한 책이다.

배워야 하는 것이지요. 대신 그렇게 기른 힘을 자신들보다 약한 쪽을 찾아 발휘하자는 결론에 이릅니다. 일본이 서구처럼 치고 나가지 않으면 일본이 죽는다고 생각한 겁니다. 그래서 요시다 쇼인은 강한 서구에는 머리를 숙여 장점을 배우고, 그 배운 장점을 일본화해서 아시아를 상대로 웅비(雄飛)해야 된다고 주장합니다. 해외 웅비, 그것이 조선을 향했을 때는 정한론이 됩니다.”

요시다 쇼인은 점점 자신의 사상을 구체화시켜나갔다.

> 미국과 러시아의 화해는 정해진 일이다. (우리는) 규정을 엄격히 지켜 (그들과의) 신의를 두텁게 한다.
>
> 《요시다 쇼인 전집》 중에서

> 조선, 만주, 중국을 정복하고 교역으로 러시아에 잃어버린 것은 조선과 만주에서 토지로 보상받아야 한다.
>
> 《요시다 쇼인 전집》 중에서

정한론은 일본이 서양의 위협으로부터 벗어나기 위해서는 조선을 정벌해야 한다는 주장이다. 즉, 서양에 빼앗긴 것을 조선에서 되찾자는 것이었다. 요시다 쇼인의 제자들 대부분이 그의 생각을 전수받았다. 제국주의 일본의 일등공신이 된 기도 다카요시(木戶孝允), 훗날 조선 침략을 주장하던 야마가타 아리토모(山縣有朋), 조선통감부의 초대통감이 되는 이토 히로부미(伊藤博文)까지 모두 스승을 따라 정한론자가 되었다. 그리고 이들 모두가 메이지유신의 주역이 된다.

결국 일본의 지식인들은 외세의 힘에 철저하게 무능할 뿐인 막부를 끌어내리고, 상징적 존재인 천황을 다시 권력의 중심에 세웠다. 그것이 바로 1868년에 이루어진 메이지유신이었다. 메이지 정부의 목표는 명확했다. 서양의 제국주의 국가에 뒤지지 않는 강력한 중앙집권 국가를 건설하는 것이었다. 신정부는 즉각 행정 개혁을 단행한다.

그 결과 이전까지 영주가 다스렸던 지방 조직의 번을 천황이 직접 통치하는 현(縣)으로 바꾸고, 중앙 정부가 보낸 지사로 하여금 다스리게 하는 폐번치현(廢藩置縣)이 1871년에 이루어진다. 지금껏 영주의 가신으로 온갖 특권을 누리던 사무라이들은 순식간에 자신들의 기반을 잃고 실업자 신세로 전락했다. 각지에서 사무라이들이 들고 일어난 것은 당연한 수순이었다. 일본 근대사를 전공하는 도쿄대학교 미타니 히로시 교수의 설명이다.

"정부가 사무라이의 가록(家祿), 즉 가문 대대로 세습적으로 일

폐번치현. 이전까지 영주가 다스렸던 지방 조직을 천황이 직접 통치하도록 한 사건을 그린 그림

하지 않고도 받을 수 있었던 수입을 일시에 빼앗아버린 것입니다. 엄밀히 말하면 빼앗은 게 아니라 국채로 바꾸어준 것이지만 금액으로 치면 비교조차 되지 않았습니다. 그 결과 사무라이들의 삶은 말할 수 없이 궁핍해졌습니다. 더욱 문제가 된 것은 이전에 사무라이들이 가졌던 검을 쓸 수 있는 특권 또한 빼앗겨버린 것입니다. 이렇게 상당수의 무사들은 정치적인 지위를 잃어버렸으며, 경제적인 수입을 삭감당했고, 게다가 신분적인 자부심까지 잃게 됩니다."

막부시대의 지위와 경제력을 모두 잃은 사무라이들은 사회를 위협하는 불순 세력으로 돌변했다. 메이지 정부로서는 그 문제를 해결할 특단의 대책을 세워야만 했다.

일본 서남부의 가고시마에 가면 시내 어디를 가나 마주치게 되는 특별한 기념품이 있다. 가고시마 출신의 한 인물을 모델로 한 캐릭터 상품이다. 일본 역사상 드물게 사리사욕이 없는 사람, 혹은 개인적인 욕망을 모두 버리고 나라의 미래를 걱정했던 사람으로 추앙받는 인물의 이름은 바로 사이고 다카모리(西鄕隆盛)이다.

사이고 다카모리. 그는 철저한 정한론자였다.

사이고 다카모리가 죽은 지 100년이 되던 1977년, 현창관(顯彰觀)이 설립되었다. 일본인들이 가장 존경하는 인물들 중 한 명인 사이고 다카모리의 뜻을 기리는 이

건물의 설립을 위해 많은 이들이 뜻을 모았다. 사이고 다카모리 현창관의 다카야나기 다케시 관장의 설명을 통해 당시 열기가 어떠했는지 짐작할 수 있다.

"비용은 일본 전국의 사이고를 사랑하는 사람들의 기부로 조달되었습니다. 대체로 당시 돈으로 3억 6,000만 엔(약 48억 원) 정도가 모여 그 비용을 가지고 100주년 기념사업을 진행하고 현창관을 설립하였습니다."

사이고 다카모리는 일본 사회를 위협하는 사무라이들의 불만을 어떻게든 해소시켜야 한다고 생각했다. 그리고 그 방법으로 당시로서는 매우 급진적인 해결책을 제시한다. 바로 정한론, 조선 정벌이었다. 이는 일본 내 불만 세력들의 관심을 바깥으로 돌리기 위한 수단이었다.

내란을 일으키려는 마음을 바깥으로 돌려서 국가를 흥하게 하는 향후 전략.

《대사이고전집(大西鄉隆盛全集)》 중에서

그들이 말하는 바깥의 대상은 바로 '조선'이었다. 당시 조선은 서계 문제로 일본과 대립 중이었다. 대원군에게 있어 서구식 관제와 의복을 받아들인 일본은 서양 오랑캐나 마찬가지였다. 그런 일본이 스스로 황제라고 높이는 것을 조선은 절대로 받아들일 수 없었다. 사이고 다카모리는 조선의 이러한 태도를 문제 삼았다. 그는 일본의 천황을 제대로 예우하지 않는 조선이 불손하므로, 이를 항의하기 위해 조선에 사절을 파견하자고 주장했다.

불손을 바르게 하기 위해 사신을 파견해야 한다.

《대사이고전집》 중에서

그리고 한 술 더 떠 자신이 직접 사절로 가겠다고 했다. 그가 사절로 가면, 조선이 자신을 죽일 것이며, 그렇다면 그것을 구실로 일본은 조선을 정벌할 수 있다고 말한 것이다.

천하의 사람이 모두 다 들고 일어나 토벌해야 할 죄.

《대사이고전집》 중에서

경희대학교 허동현 교수는 사이고 다카모리의 조선 정벌론에 대해 이렇게 이야기한다.

"사이고 다카모리의 생각의 본질은 자기가 가서 무례한 협상 요구를 하면 조선이 자기를 죽일 테니 그것을 빌미로 해서 침략의 구실을 만들고, 그런 후 군대를 보내 조선을 정복하면 된다는 것입니다. 물론 사이고 다카모리가 즉흥적으로 세운 계획은 아닙니다. 그는 이미 그러한 의견을 밝히기 전에 자신의 휘하를 조선에 보내 어느 정도 규모의 군대를 보내면 조선을 정복할 수 있는가를 조사시켰습니다. 조사 결과 2개 대대나 3개 대대면 조선을 정복할 수 있다는 게 당시 사이고 다카모리 측의 생각이었습니다."

사이고 다카모리는 철저한 정한론자였다. 일본 내부의 위기를 극복하는 길은 한반도 정벌뿐이라고 생각했다. 그 이후 일본 조정에서는 정벌의 시기와 방법을 두고 치열한 논쟁이 벌어졌다.

그 결과 정한론은 일시적으로 유보되고, 사이고 다카모리는 그 사실에 실망해 고향으로 낙향해버린다. 그는 훗날 세이난전쟁(西南戰爭)을 일으켰다가 자결하고 만다. 하지만 일본이 정한론 자체에 대해 반대한 것은 아니라는 사실이 사이고 다카모리의 낙향 후 보여준 일본의 만행에서 드러난다. 정한론을 놓고 조심스러운 행보를 보이던 일본은 마침내 결단을 내린다. 그들의 첫 공격 목표는 바로 강화도였다.

일본의 의도적인 도발,
운요 호 사건

강화도 초지진에는 당시의 흔적이 지금도 곳곳에 남아있다. 소나무에 깊게 패인 포탄의 흔적이며, 성벽 여기저기 포탄을 맞아 부서진 자국들이 선명하다. 바로 운요 호의 폭격 흔적이다.

위 · 아래. 강화도 초지진. 일본은 이곳에서 운요 호를 앞세워 조선과 포격전을 벌였고, 지금도 그 흔적이 남아있다.

1875년, 일본은 군함 운요 호를 부산 앞바다에 파견했다. 남해와 서해를 거슬러 강화도 앞바다에 도착한 운요 호는 초지진까지 접근했다. 운요 호는 일본이 영국에서 수입한 근대식 군함이었다. 일본은 운요 호를 앞세워 조선과 포격전을 벌였다. 치열한 전투였다.

당시의 상황을 기록한 운요 호

운요 호. 일본이 영국에서 수입한 근대식 군함이었다.

함장의 공식 보고서 《조선 강화도 포격 시말(朝鮮江華島砲擊始末)》을
보자. 사건이 발생한 지 18일이 지난 후인 1875년 10월 8일에 작성
된 보고서이다. 이 보고서에 따르면, 운요 호는 강화도 인근 해안을
측량하는 중이었다. 측량을 마친 운요 호 선원 일부는 작은 배를 타
고 강화도 남쪽으로 마실 물을 구하기 위해 내려갔다. 그런데 갑자기
조선이 먼저 포격을 가해왔고, 이에 대한 맞대응으로 운요 호도 공격
했다는 것이 이 보고서의 요지이다.

서로가 서로를 향해 총포를 쏘았습니다.

《조선 강화도 포격 시말》 중에서

243

강화도 초지진에서 포격전을 벌인 후, 운요 호는 다시 인천 앞바다의 영종도에 상륙했다. 근대 무기로 완전무장한 일본 군은 영종도를 초토화시켰다. 조선 군의 전사자는 35명, 일본 군은 사망자 없이 부상자만 2명뿐이었다. 일본은 이 모든 불행한 사태가 국기를 걸고 평화적으로 항해하는 운요 호를 조선이 먼저 공격했기 때문에 벌어진 일이라고 주장했다. 서울대학교 국사학과 이태진 명예교수는 이에 대해 이렇게 설명한다.

　　"운요 호가 식수를 구하는 깃발을 달고 있을 때는 조난을 당했다는 뜻이므로 국제법적으로 볼 때 반드시 도와줘야 한다는 것이 저들의 논리입니다. 그런데 그것을 무시하고 도리어 포격을 가했으니 무

1876년 연무당 모습. 일본이 조선에게 조약 체결을 강요한 곳이다.

지한 조선이, 그에 걸맞은 책임을 져야 한다는 것이지요. 이 논리의 이면에는 국제법도 모르는 비(非)문명국인 조선을 일본이 국제 사회로 인도해주었다는 일종의 시혜론(施惠論)적인 해석이 자리 잡고 있습니다."

다음 해인 1876년 일본은 운요 호 사건의 피해 보상을 요구하며, 군함 3척을 이끌고 다시 강화도로 왔다. 그리고 강화도 연무당(演武堂)에서 조선에게 조약 체결을 강요했다. 강화문화원 류중현 원장이 그때 분위기를 설명한다.

"일본은 군함 3척을 몰고 와 갑곶진에 정박시켜놓고 대포를 쏘았습니다. 또한 회담 장소에는 일본 호위병 400명을 세워놓아 공포 분위기를 조성했습니다."

일본은 협상 장소였던 연무당에 군인들을 배치하고, 대포를 쏘는 무력 시위도 벌였다. 일본은 미국의 페리 제독에게 당한 것과 똑같이 조선에 되갚은 것이었다.

위. 〈조선 강화도 포격 시말〉. 운요 호 사건을 기록한 운요 호 함장의 공식 보고서
아래. 〈강화도조약서〉. 수탈적 성격이 강한 불평등조약이었다.

이런 분위기 속에서 체결된 강화도조약은 두 말할 필요도 없이 최악의 불평등조약이었다.

조선은 부산 외에도 두 곳의 항구를 더 개항해야 했다. 또 일본

《조선회항기사》. 일본 방위성 방위연구소에 소장되어 있는 운요 호 함장의 최초 보고서이다.

항해자들은 조선 해안을 자유롭게 측량할 수 있었고, 조선 땅에서 죄를 저지른 일본인들을 붙잡아도 조선 정부는 범죄자들을 처벌할 수 없었다. 강화도조약에 대해 경희대학교 허동현 교수는 다음과 같이 설명한다.

"제국주의 침략 국가가 피침략국에 강요하는 조약은 본래 불평등조약입니다. 원래 조약이라는 것은 쌍무적인 평등 관계여야 되는데 강화도조약은 일방적으로 한쪽에서의 요구만 있지 다른 쪽의 권리는 보장되지 않은 편무적인 불평등조약이었습니다. 강화도조약은 고정관세(固定關稅, 동일한 상품에 대해 일정한 비율의 세금을 부과하는 것)조차 부여하지 않는다는 조항에서도 볼 수 있듯 불평등조약을 넘어서 수탈적인 성격의 조약이었습니다. 이 조약 체제 하에서 조선 독립과 자주를 얻기란 원초적으로 불가능했죠."

그렇다면 조약 체결의 빌미가 된 운요 호 사건은 과연 일본의 설명대로 조선의 잘못 때문이었을까?

운요 호 사건과 관련해 이제껏 공개되지 않은 자료가 일본 방위성 방위연구소에 남아있다. 당시 운요 호의 함장이 작성한 또 다른 보고서《조선회항기사(朝鮮廻航記事)》로 기존의 공식 보고서보다 10일 빠른 1875년 9월 29일 작성된 것이다. 그러니까 이것이 함장이 쓴 최초의 보고서인 셈이다. 그런데 이 보고서에서는 운요 호가 물을 구하러 강화도에 갔다는 내용을 전혀 찾아볼 수 없다. 보고서에 따르면 운요 호는 식수를 구하기 위해서가 아니라 처음부터 다른 의도를 가지고 강화도에 접근했다.

해병 4명, 수부 10명에게 소총을 지참시키고 강화도로 나아갔습니다.

《조선회항기사》 중에서

서울대학교 국사학과 이태진 명예교수는 운요 호가 강화도에 무장한 상태로 접근한 것에 주목한다.

"1차(최초) 보고서에 의하면 사건이 하루에 일어난 것이 아니라 3일에 걸쳐 일어난 것으로 되어 있습니다. 또한 첫날의 기록 어디에도 측량과 관계된 이야기는 없습니다. 개인 화기(火技)로 무장한 15명이 보트를 타고 강화도에 상륙해 광성보와 초지진을 누볐다는 기록이 있을 뿐입니다."

운요 호 사건 당시 일본은 최초 보고서와는 전혀 다른 내용의 보고서를 작성한다.

기록에서 알 수 있듯 강화도로 들어온 운요 호의 병사들은 완전무장한 상태였다. 기존과 다른 부분은 그것 하나만이 아니다.

부산 초량 왜관

다음 날 오전 8시에 돛대를 국기에 게양했습니다.

《조선회항기사》 중에서

정체를 밝히기 위해 처음부터 국기를 걸고 왔다는 주장도 결국
사실이 아니었다. 그들은 상륙한 다음 날이 되어서야 국기를 걸었다.

전쟁을 일으키기로 했습니다.

《조선회항기사》 중에서

사건의 정황은 이 문장을 통해 비로소 명확해진다. 운요 호는 처

음부터 조선에 전쟁을 하러 온 것이었다.

> 우리가 먼저 40파운드(약 18킬로그램) 포를 발포했더니 8분 뒤에 조선
> 도 역시 발포했습니다.
>
> 《조선회항기사》 중에서

둘째 날, 일본은 전투태세를 갖추고 초지진을 공격했다. 일본이
먼저 발포하자, 조선도 맞대응을 했다. 일본은 자신들이 선제공격을
시도했다고 기록한 이 보고서를 감추고, 10일 후 전혀 다른 내용의
또 다른 보고서를 작성한 것이다. 보고서에 대해 도카이대학교 아시
아문명학과 요시노 마코토 교수는 이렇게 설명한다.

"부산에서 일본으로 돌아온 모리야마 시게루(森山茂, 조선 말기 일
본의 외교관으로 사건 당시 사신 자격으로 내한한 상태였음)가 물을 보급하기
위해 접근했다는 점과 국기를 게양하고 있음에도 공격했다는 2가지
점을 강조하도록 상부에 보고
했으며, 이를 받아들여 작성된
것이 2차(공식) 보고서입니다."

운요 호 사건 발발 3년 전
인 1872년, 일본은 조선의 초
량 왜관을 무력으로 점령한 바
있다. 강화도 침략은 사실 그때
부터 치밀하게 준비된 것이었
다. 초량 왜관의 일본 관리가

《일선수호조규관계건이》에는 강화도 사건의 실체가 적나라
하게 기록되어 있다.

작성한 보고서 《일선수호조규관계건이(日鮮修好条規關係件二)》는 강화도 사건의 실체를 적나라하게 보여준다. 보고서는 운요 호 사건이 발생하기 5개월 전인 1875년 4월에 작성되었다.

> 군함을 파견하여 대마도 근해를 측량하게 해야 합니다. ……
> 조약 체결에 있어서도 유리할 수 있습니다.

《일선수호조규관계건이》 중에서

측량을 구실로 조선에 군함을 파견하면, 이를 통해 조약을 유리하게 체결할 수 있다는 내용이었다. 운요 호 사건이 돌발적으로 일어난 것이 아니라 사전에 정해진 각본에 의한 것임을 알 수 있는 장면이다. 서울대학교 국사학과 이태진 명예교수는 강화도 사건에 대해서 이렇게 말한다.

"일본은 조선과의 관계에서 자신들이 우위에 서야 한다는 입장, 그것도 침략을 주도해야 하는 명확한 입장을 가지고 있었습니다. 일종의 가이드라인이라고 볼 수 있겠죠. 조선을 상대로 세운 계획은 결국 그대로 실행이 되었습니다. 그 결과 일본은 자신들이 서구 열강으로부터 받았던 불평등 관계를 그대로 조선과의 관계에 적용했던 것입니다."

한반도,
일본에 강제 병합되다

부산 초량 왜관 점령으로 시작된 일본의 한반도 정벌 계획을 실행에 옮긴 것이 바로 운요 호 사건이었다. 그 결과 체결된 강화도조약을 통해 일본은 한반도 침략의 기반을 닦아나갔다. 그 후 일본은 침략의 걸림돌들을 하나씩 제거해나갔다. 조선의 종주국임을 자부하던 청나라를 전쟁으로 제압했다. 그리고 청나라에게 받은 전쟁 보상금으로 다시 군사력 증강에 나섰다.

　가나가와 현 요코스카에는 지금은 관광 상품이 된 대형 군함 한 척이 있다. 미카사(三笠) 전함은 러일전쟁 당시의 일본의 군사력을 상징하는 군함이나 마찬가지이다. 관광객들을 위한 선내 해설이 우리의 마음을 아프게 한다.

　"존망의 위기에 처한 일본이 영국, 미국의 지지를 얻어 국민 한 명 한 명이

미카사 전함. 일본이 전쟁을 위해 영국에 의뢰, 제작한 군함이다. 일본은 이 전쟁을 러일전쟁에 투입해 승리한다.

1910년 8월, 조선은 끝내 일본에 강제 병합되고 만다.

힘을 모아 싸워 이긴 방위전쟁입니다. 이 전쟁에서 승리하면서 일본
은 독립과 안전을 유지하여 국제적인 위상을 높이고 세계에서 억압
받고 있던 나라들에 자립의 희망을 불러 일으켰습니다."

영국에서 제작된 미카사 전함을 이끌고 일본은 대한해협에서 강
대국 러시아마저 격파했다. 한반도에 눈독을 들이던 러시아마저 일
본에 패배했으니 이제 일본을 저지할 세력은 그 어디에도 없었다. 러
일전쟁의 결과 정한론의 계승자인 이토 히로부미가 조선의 초대통감
으로 부임했다. 그는 스승인 요시다 쇼인으로부터 배운 한반도 정복
시나리오를 차근차근 실행에 옮겼고, 그 결과는 우리가 이미 잘 알고
있는 바이다.

1910년 8월 29일, 조선은 끝내 일본에 강제 병합된다.

이양선과 흑선 1_____1795년(정조19년) 8월
1일, 《정조실록》에는 흥미로운 기사가 등장한다.

　　황해도 관찰사 서매수(徐邁修)가 치계(馳啓)하기를,
'국적을 알 수 없는 배 한 척이 바람에 밀려와 홀연히 오차진(吾又鎭)
앞에 정박하였기에 해당 첨사(僉使) 장경홍이 군교(軍校)를 이끌고 기
계(器械)를 지니고서 급히 포구로 달려가 활을 당기고 총을 겨누며 위
엄을 보이려고 하였습니다. 그러자 그 사람들이 거꾸로 화를 내면서
일제히 상륙한 뒤 돌을 던지고 몽둥이를 휘두르며 곧장 앞으로 나와
극력 저항하였습니다.

이렇듯 분위기가 위태롭고 공포스럽게 되자 진장(鎭將)과 진졸(鎭卒)
들이 겁을 집어먹고 달아났는데, 그럴 즈음에 가지고 있던 활과 칼과
총대 등을 포구 가에 내버리고 갔습니다. 그러자 사람들이 주워서 망
가뜨려버렸습니다. 그리고 닻을 올리고 바다 밖으로 재빨리 빠져나갔
습니다. 해당 진장의 죄는 군율(軍律)을 범한 것이니 파출(罷黜)한 다
음 유사(有司)로 하여금 법을 적용해 처단케 하시고 장연현감(長淵縣

좌·우. 서양의 배들은 조선인과 일본인의 눈에는 낯설고 두려운 존재였다.

일본의 역사소설가 시바 료타로의 《료마가 간다》

황해도에 출몰했던 이양선에 대한 기록이다. 당시 조선인들이 느꼈을 공포와 당황스러움이 생생하게 느껴진다. 조선은 바다에 나타난 낯선 배를 이양선(異樣船)이라고 불렀다. 이상한 모양의 배라는 뜻이다. 어찌 보면 정확한 표현일 수 있다. 집채만한 몸집을 한 배에는 높고 큰 돛대가 달려 있다. 선원들의 얼굴은 붉거나 희며, 그들이 입은 복장도 낯설기만 하다. 천지를 흔들 만큼 커다란 소리를 내뿜으며 날아오는 포탄은 지옥, 그 자체로 느껴졌다. 진장과 진졸들이 겁을 먹고 달아나는 것도 이상한 일은 아니었다.

낯선 배가 조선 바다에만 나타났을 리는 없다. 일본 바다에도 수시로 출몰했다. 일본인들은 이 낯선 배를 쿠로후네(黑船), 즉 검은 배라고 불렀다. 일본의 역사소설가 시바 료타로는 소설 《료마가 간다》(창해, 2002년)에서 일본인들이 가장 사랑하는 인물인 사카모토 료마의 눈을 빌려 검은 배를 설명한다.

'마치 괴물로 변한 고래 같군.'

벼랑 가까이 기어나가 바다에 떠 있는 4척의 쿠로후네를 내려다 보면서 료마는 혀를 내둘렀다. …… 막부 정권이 겁에 질려 개국을 결심하게 된 것도, 전국에서 지사들이 맹렬하게 궐기하여 개국 반대와 외국인 배척 등을 주장하는 양이론(攘夷論, 서양과의 통상과 수교를 거부하자는 주장)이 검은 연기처럼 치솟기 시작한 것도 이때부터였다. 동시에 근대 일본의 출발도 이 함포가 불을 뿜는 순간부터 비롯되었다고 할 수 있다.

이양선과 흑선 2_____조선과 일본이 낯선
배를 보고 취한 행동은 이양선과 검은 배라는 명
칭만큼이나 달랐다.

　　　　1866년(고종3년) 8월, 미국 상선 제너럴셔면
호는 대동강을 거슬러 올라 평양에 출몰해 조선과의 통상을 요구했
다. 하지만 당시 평안도 관찰사였던 박규수는 그들의 요구를 받아들
이지 않는다. 이양선과 교역하는 것은 조선의 원칙이 아니었기 때문
이었다. 표류해온 이양선을 돌려보내는 것만이 조선이 취하는 유일
한 원칙이었다. 그러나 제너럴셔면 호는 조선의 이상한 원칙을 납득
하지 못했다.

　　물이 빠져 배가 움직이지 못하는 상황이 되자 선원들은 행패를
부리기 시작했고, 조선은 화공으로 응징했다. 제너럴셔면 호는 불에
탔고, 선원들은 목숨을 잃었다. 조선인들은 승리에 크게 고무되었지
만 그것이 마지막이 아닌 시작이었다.

　　1871년 미국이 보복 공격을 가해왔으니, 그것이 바로 신미양요
이다. 미국은 강화도의 초지진, 덕
진진 등을 점령했으나 그들의 목적
이었던 조선과의 통상은 끝내 얻어
내지 못하고 철수해버린다. 미국이
물러나자 대원군은 전국에 척화비
를 세우고 쇄국정책을 강화한다.
대원군을 비롯한 조선의 실료들은
미국의 철수를 승리로 간주했다.

미국 상선인 제너럴셔면 호. 평양에 출몰해 통상을 요
구했지만 오히려 공격을 당해 배는 불에 탔고, 선원들
은 목숨을 잃는다.

그러나 신미양요 과정에서 더 많은 사상자를 낸 것은 미국이 아닌 조선이었다.

일본은 어떠했는가? 페리 함대의 무력에 굴복해 미국과 통상 조약을 맺은 일본은 말 그대로 근대를 향해 달려 나갔다. 일본은 개항 직후인 1853년 9월 우라가에 조선소를 세우고 군함 제작에 나섰다. 군함은 8개월 후인 1854년 5월에 완성된다. 이것이 바로 일본 최초의 서양식 범선인 호오마루(鳳凰丸)이다. 다음 해인 1855년에는 나가사키에 해군 전습소를 열었다. 조선술과 측량술, 포술 등을 가르치는 해군 학교였다. 그와 함께 제철소 건설 계획도 수립했다. 이 제철소에서 일본은 최초의 증기 군함인 치요다가타마루(千代田刑丸)를 완성했다. 검은 배를 보고 두려움에 떨던 일본이 근대의 앞바다에 당당하게 진출하게 된 것이다.

낯선 배의 외양을 보고 두려움에 떨며 그들이 떠나기만을 바랐던 조선, 검은 배의 무력에 굴복하기는 했으나 재빨리 근대로 나갈 방향을 찾아 매진일로했던 일본, 서로 다른 이 대응 방식이 가져온 차이를 우리는 너무도 잘 알고 있다.

위. 일본 최초 서양식 범선인 호우호마루. 미국과 통상 조약을 맺은 후 일본은 바로 우라가에 조선소를 세우고 군함 제작에 나서는데 그 과정에서 제작된 범선이다.
아래. 《목민심서》. 18세기 조선의 실학자 정약용의 저서로 이양선으로부터 배울 생각은 하지 않고 무조건 배격만 하던 당시 조선을 비난하는 글을 담았다.

그렇다면 조선에는 이양선으로부터 배울 생각을 한 인물이 없었던 걸까? 조선에는 실학자 정약용이 있었다. 정약용은 《목민심서(牧民心書)》에서 자신의 의견을 다음과 같이 개진한다.

조선은 삼면이 바다로 둘러싸였는데도 선제가 소박하고 고루하다. 표류선을 만나면 그 배의 모양과 구조를 자세히 기록해야 한다. 목재로 어떤 나무를 썼고, 뱃전 판자는 몇 장이고, 길이와 넓이 그리고 높이는 몇 도나 되며…… 파도를 헤치는 기술은 어떠한가 등의 여러 가지 묘리를 자세히 묻고 상세하게 기록해서 그것을 모방하도록 해야 한다. 그런데도 표류민이 상륙하면 곧 도끼로 빠개고, 부수어 불살라버린다. 이는 도대체 무슨 법인가?

그러나 정약용의 생각은 현실에 반영되지 못했다. 사카모토 료마의 생각은 일본의 개혁과 연결되어 근대적인 일본으로 거듭날 수 있었다. 이것이 19세기를 맞은 조선과 일본의 차이다.

공존이라는 새로운 역사를 쓰기 바라며……

일본은 서구에 당했던 것과 똑같은 방식으로 조선을 침략해 강제 개항시켰다. 서구 열강과 어깨를 나란히 하기 위해, 그리고 그들에게 정복당하지 않기 위해 일본이 선택한 것은 제국주의의 길을 함께 걷는 것이었다. 반면 조선은 도도하게 밀려드는 세계 질서의 변화에 제대로 대응하지 못하고 '시간 경쟁'에서 뒤쳐졌다.

1910년 한국을 강제 병합시킨 이후에도 일본은 제1차 세계대전 당시 대독일 선전포고(1914), 러시아혁명에 간섭한 시베리아 침략(1918), 만주사변(1931), 태평양전쟁(1941) 등 이웃 나라를 상대로 거침없는 침략의 역사를 써내려갔다. 그 과정에서 한반도는 유린당했다. 내선일체(內鮮一體)라는 허울뿐인 명분으로 철저한 민족 말살 정책을 펼쳤으며, 황국신민화(皇國臣民化)라는 미명 아래 일본 왕에게 충성을 맹세하게 함은 물론 신사참배(神社參拜), 조선어 교육 폐지 및 창씨개명(創氏改名)까지 강요했다. 그들의 전쟁터에 한국 청년들은 강제 징집당했고, 꽃다운 소녀와 처자들이 종군위안부로 끌려갔다.

그 후 1945년, 히로시마와 나가사키에 떨어진 원자폭탄으로 일본은 세계 앞에 무릎을 꿇었다. 그리고 한국은 광복(光復)을 맞이했다. 그러나 안타깝게도 오늘날 일본이 기억하는 것은 가해의 역사가 아닌, 제국의 번영에 도취된 지배의 역사와 원폭으로 고통받은 피해의 역사인 것 같다.

독일의 경우, 제2차 세계대전 이후 침략에 대한 과거사를 쉼 없이 반성하며 유럽 다른 나라들과 더불어 살기 위해 노력하고 있다. 반면 일본은 과거에 대한 진심 어린 반성은 뒤로 한 채 도리어 한일 강제 병합과 태평양전쟁의 정당성을 주장하며, 역사를 왜곡하고 있다. 1948년 도쿄 전범재판에서 면죄부를 부여받은 일본 침략 세력들은 고스란히 일본의 주요 정치, 경제 세력이 되었다. 그리고 그들과 후손들은 자학사관(自虐史觀)에서 벗어나야 하며, 제국주의 역사를 부끄러워하지 말아야 한다고 주장한다.

이러한 일본의 끊임없는 도발을 극명하게 보여주는 것이 영토 도발이다. 2010년 3월, 일본은 2011년부터 일본의 모든 초등학교 사회교과서에 독도를 일본 땅으로 표기한다고 발표했다. 이를 주도한 것은 일본 정부였다. 이후에도 그들은 도발을 계속하다가 급기야 2019년 7월, 전략물자 수출관리라는 억지 주장을 펴며 우리를 '화이트리스트'에서 배제하는 경제보복을 단행했다. 우리 경제의 20%를 차지하고 있는 반도체 산업을 정조준한 것이다. 그들은 자신들의 수출입관리 차원이라고 주장하고 있지만 이 조치가 우리 대법원에서 내린 '강제징용 배상판결'에 대한 보복이라는 것은 누구라도 알 수 있다.

일본은 역사적으로 내부의 정치, 경제적인 위기가 고조될수록 그 시선을 외부로 돌려왔다. 1990년대 초반, 일본 경제의 초고속 성장 거품이 꺼지면서 그 폐해는 눈덩이처럼 불어났다. '잃어버린 20년'이라고 할 만큼 장기 침체의 늪에 빠져 있다. 정치 또한 마찬가지이다. 고이즈미 전 총리를 제외하고, 1990년대 이후 평균 1년 이상 임기를 채운 총리는 아무도 없었다. 그러다가 2012년 아베 총리가 재집권하면서 일본은 평화헌법을 개정하여 군대를 보유한 '전쟁을 할 수 있는 나라'가 되겠다는 제국주의 성향을 노골적으로 드러냈다. 역사왜곡 교과서 문제, 한·일 위안부합의, 강제징용 배상판결 부정, 경제침략으로 이어지며 양국관계를 1965년 한·일국교 정상화 이후 양국관계를 최악으로 내몰고 있는 그들의 속내는 '21세기 정한론(征韓論)'을 연상케 한다.

한일 강제 병합 100년이었던 2010년, 광복절을 5일 앞두고 간 나오토 일본 총리의 담화문 발표가 있었다.

"당시 한국인들은 그 뜻에 반하여 이루어진 식민 지배에 의해, 국가와 문화를 빼앗기고 민족의 자긍심에 깊은 상처를 입었습니다. ……다시 한 번 통절한 반성과 마음으로부터의 사죄의 심정을 표명합니다. ……"

비록 한일 강제 병합 원천 무효 선언, 강제 징병 및 징용, 종군위안부 문제에 대한 사과 등 핵심적인 사안들이 빠진 담화였지만 반성과 화해의 제스처를 보였다는 점에서는 어느 정도 희망이 보였었다. 그런데 경제보복을 자행한 2019년 광복절(일본은 패전일)에는 아베 총리를 비롯한 일본 정부의 긍정적인 메시지를 기대하기는 어려운 상황이다. 가해자의 역사를 만들어왔던 일본의 경우, 지난 한 세기 동안 무력으로 얻은 승리가 영광이었을지는 몰라도 지금에 와서는 결국 큰 짐이 되었다. 그 짐을 벗기 위해서는 과거의 잘못을 솔직하게 인정해야 한다. 그렇게 해야만 새로운 역사의 동반자가 될 수 있기 때문이다. 한국 또한 과거에 겪었던 아픈 경험을 다시 되풀이할 수는 없다. 변화하는 세계 정세에 적절히 대응하고 동북아시아 국가들 간의 긴밀한 유대와 협력을 꾸준히 이끌어내는 것이 과거의 슬픈 역사를 반복하지 않는 길일 것이다. 그것이 우리 국민들이 자신들의 주권을 지키고, 시민사회를 번영시킬 수 있는 길이라 생각한다.

지난 2000년간, 한국과 일본은 수많은 갈등과 대립을 반복해왔다. 그러나 21세기, 한국과 일본에게 필요한 것은 두 나라가 함께 사는 법을 찾는 것이다. 지난 세기를 넘어, 새로운 100년을 준비하고 있는 한국과 일본. 두 나라가 쓰게 될 미래의 이름은 아직 정해지지 않았다. 평생 한일 관계를 연구해온 어느 학자의 말처럼 두 나라의 가장 바람직한 미래의 이름은 '공존', '공영', '공생'일 것이다. 지금이야말로 지난 2000년의 역사적 경험을 모아 한국과 일본 두 나라의 성찰과 지혜를 모아야 할 때이다.

KBS 국권침탈 100년 특별역사다큐 제작팀
최지원

KBS 국권침탈 100년 특별역사다큐
한국과 일본, 2000년의 숙명

초판 1쇄 인쇄 2019년 8월 21일
초판 1쇄 발행 2019년 8월 28일

지은이 KBS 국권침탈 100년 특별역사다큐 제작팀
펴낸이 신민식

편집인 최연순

펴낸곳 가디언
출판등록 제2010-000113호

주 소 서울시 마포구 토정로 222 한국출판콘텐츠센터 319호
전 화 02-332-4103
팩 스 02-332-4111
이메일 gadian7@naver.com
홈페이지 www.sirubooks.com

인쇄·제본 ㈜상지사 P&B
종이 월드페이퍼㈜

ISBN 978-89-98480-04-2 (03900)